Mädchen machen coole Sachen

Mädchen machen coole Sachen

35 Kreativ-Projekte

Charlotte Liddle
& ihre Freundinnen

christophorus

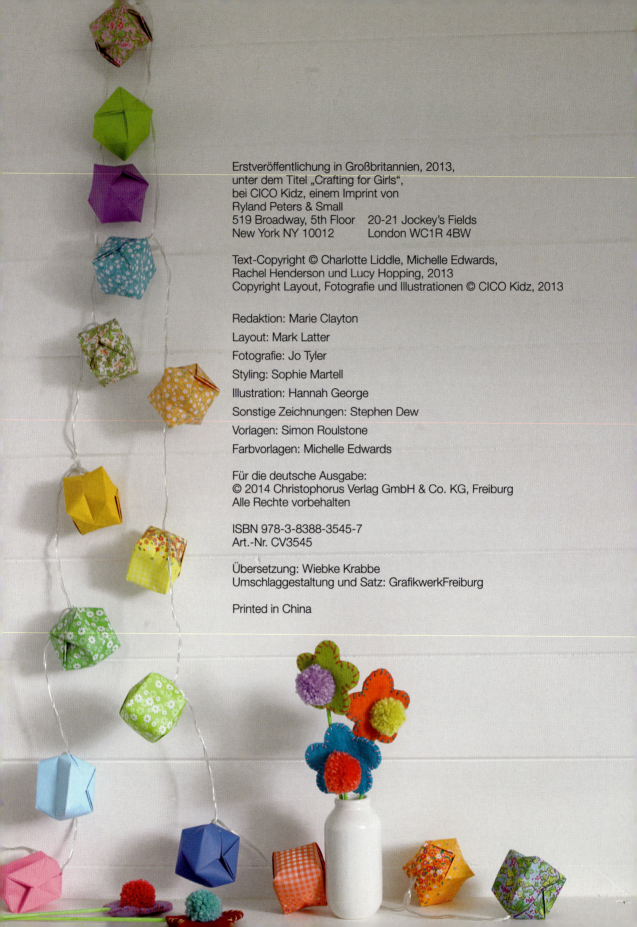

Erstveröffentlichung in Großbritannien, 2013,
unter dem Titel „Crafting for Girls",
bei CICO Kidz, einem Imprint von
Ryland Peters & Small
519 Broadway, 5th Floor   20-21 Jockey's Fields
New York NY 10012   London WC1R 4BW

Text-Copyright © Charlotte Liddle, Michelle Edwards,
Rachel Henderson und Lucy Hopping, 2013
Copyright Layout, Fotografie und Illustrationen © CICO Kidz, 2013

Redaktion: Marie Clayton
Layout: Mark Latter
Fotografie: Jo Tyler
Styling: Sophie Martell
Illustration: Hannah George
Sonstige Zeichnungen: Stephen Dew
Vorlagen: Simon Roulstone
Farbvorlagen: Michelle Edwards

Für die deutsche Ausgabe:
© 2014 Christophorus Verlag GmbH & Co. KG, Freiburg
Alle Rechte vorbehalten

ISBN 978-3-8388-3545-7
Art.-Nr. CV3545

Übersetzung: Wiebke Krabbe
Umschlaggestaltung und Satz: GrafikwerkFreiburg

Printed in China

Inhalt

Vorwort ... 6

Grundwissen ... 8

Dies und das ... 10
Nähen und sticken ... 10
Stricken ... 15

KAPITEL 1
Für dein Zimmer ... 20

Geringelter Lampenschirm ... 22
Foto-Kissen ... 24
Traumfänger ... 26
Schlafmaske ... 28
Tutti-Frutti-Kerzen ... 32
Schminksachen im Rahmen ... 34
Bunte Untersetzer ... 36
Häschen-Stiftemappe ... 38
Lieblingsseife ... 42
Pompon-Blumen ... 44
Bleistift-Deko aus Filz ... 47

KAPITEL 2
Kleidung und Accessoires ... 50

Gestricktes Stirnband ... 52
Gestrickte Fausthandschuhe ... 54
Gestrickte Hausschuhe ... 57
Gestrickter Schlauchschal ... 60
Verzierte Stoffschuhe ... 62
Eulentasche ... 64
Jede Menge Anhänger ... 67
Hülle für Handy und iPod ... 70
Notizbuch ... 74
Portemonnaie ... 78
Nagellack-Juwelen ... 80
Halsschmuck aus Stoff ... 82
Blumen-Schuhe ... 84
Batik-Top ... 86
Tasche mit Stempeldruck ... 88

KAPITEL 3
Partylaune ... 92

Wimpel aus Papier ... 94
Buttons ... 96
Freundschaftsbändchen ... 98
Einladungen ... 102
Origami-Lichterkette ... 104
Geschenk-Anhänger ... 107
Tüten zum Verschenken ... 110
Foto-Shooting ... 112
Papier-Pompons ... 114

Vorlagen ... 116
Farbvorlagen ... 120
Adressen ... 127
Register und Dank ... 128

VORWORT

Ich habe schon immer gern Dinge selbst gemacht. Sogar als kleines Mädchen konnte ich stundenlang zeichnen oder basteln. Zum Geburtstag und zu Weihnachten bekam ich oft Bastel- oder Handarbeitsutensilien, und in den Ferien wurde mir nie langweilig, weil ich Schmuck bastelte, mit Modelliermasse experimentierte, zeichnete und klebte, Kleider für meine Puppen nähte oder mich an meiner Strickmaschine versuchte (was aber kein großer Erfolg war). Ich hatte viel Freude daran, mir immer wieder etwas Neues auszudenken und es dann auch zu verwirklichen. Und ich genoss die Freiheit, die ich als Kind hatte, denn niemand hatte hohe Erwartungen an meine Kreationen. Vielleicht war ich aber ein Naturtalent, denn ich erntete viel Lob. Das spornte mich an, Kunst und Design zu studieren und schließlich einen Beruf zu ergreifen, der mir bis heute viel Freude macht.

Während meines Studiums habe ich in der Textilindustrie gejobbt. Damals fand ich drei gute Freundinnen, Lucy, Michelle und Rachel, die ebenfalls sehr talentierte Designerinnen sind. Als ich den Auftrag bekam, ein Buch für junge Leserinnen zu schreiben, bat ich sie um Hilfe. Gemeinsam stellten wir eine bunte Mischung von Projekten zusammen, die lustig und manchmal ein bisschen verrückt sind.

Ob du lieber stricken, filzen, nähen, sticken oder mit Papier basteln magst:

In diesem Buch wirst du Projekte finden, die dir Spaß machen. Es ist in drei Hauptkapitel gegliedert. Im ersten findest du Ideen für dein Zimmer, zum Beispiel Foto-Kissen, Traumfänger aus alten Spitzendeckchen, eine Magnettafel für Make-up-Utensilien und noch viel mehr. Wenn du Lust hast, Kleidung und Schuhe zu verzieren oder Schmuck zu basteln, sieh dir die Vorschläge im zweiten Kapitel an. Dort findest du auch ganz neue Techniken wie das Basteln mit Schrumpffolie, mit der dir im Handumdrehen witzige Anhänger und Ringe gelingen. Im dritten Kapitel findest du jede Menge Ideen für Partys: Einladungen, Dekorationen und kleine Geschenkideen. Bei jedem Projekt

Schwierigkeitsgrade

Level 1
Einfache Projekte zum Basteln oder Nähen mit der Hand. Die meisten Materialien hat jeder im Haus.

Level 2
Für diese Projekte sind besondere Werkzeuge oder Materialien nötig. Jüngere Leserinnen brauchen vielleicht etwas Hilfe.

Level 3
Diese Projekte sind schon schwieriger. Auch wenn du schon mehr Übung hast, brauchst du vielleicht Hilfe von einem Erwachsenen.

ist der Schwierigkeitsgrad angegeben (siehe oben), du kannst also mit einfachen Ideen anfangen und dich allmählich zu schwierigeren vorarbeiten. Auf den letzten Seiten findest du Vorlagen, die du einfach durchpausen oder fotokopieren kannst. Dann gelingen Wimpel, Geschenktüten, Anstecker und Requisiten für witzige Partyfotos im Handumdrehen.

Probiere einfach aus, was dir gefällt. Wir hoffen, du hast dabei so viel Spaß wie wir, als wir die Ideen für Zimmer, Kleiderschrank und Party zusammengestellt und ausprobiert haben. Wetten: Deine Freundinnen werden dich um deine selbstgemachten Kunstwerke beneiden!

GRUNDWISSEN

Bevor du anfängst, solltest du dich mit einigen Arbeitstechniken vertraut machen, die du für viele Projekte in diesem Buch brauchst. Hier wird das Wichtigste zum Nähen und Stricken Schritt für Schritt erklärt. Übe neue Techniken am besten mit Stoffresten, bis sie dir gut von der Hand gehen. Dann kannst du sicher sein, dass deine kreativen Projekte am Ende richtig gut gelingen.

DIES UND DAS

Stempeln
Mit einem Stempel lassen sich schnell und einfach Muster gestalten. Einfach den Stempel aufs Stempelkissen und danach auf den Untergrund drücken, den du verzieren möchtest. Wenn du statt eines Stempelkissens Farbe verwendest, solltest du sie mit einem Pinsel auf den Stempel auftragen. Wische die Ränder des Stempels danach sorgfältig ab, damit die Umrisse deines Motivs glatt und sauber ausfallen.

Kleben
Bastelleim und Textilkleber eignen sich gut zum Kleben von Papier oder Stoff. Trage den Klebstoff am besten mit einem Pinsel auf, und auf keinen Fall zu dick, denn sonst kann er beim Zusammendrücken an den Rändern herausquellen und hässliche Spuren hinterlassen.

Vorlagen kopieren und vergrößern
Am einfachsten lassen sich die Vorlagen aus diesem Buch mit einem Fotokopierer kopieren und vergrößern. Manche Scanner haben auch eine Einstellung zum Verkleinern oder Vergrößern. Die Vergrößerungseinstellung (in %) ist bei jeder Vorlage angegeben.

Ausschneiden
Benutze immer eine saubere, scharfe Schere. Schaffe dir eine Schere für Stoff und eine zweite für Papier an. Schneide nie Papier mit der Stoffschere, sonst wird sie schnell stumpf. Stoff immer mit langen, zügigen Schnitten zuschneiden (nicht mit vielen kurzen), dann sehen die Ränder sauberer aus.

NÄHEN UND STICKEN

Das Fadenende sichern
Am Anfang und Ende einer Naht muss das Fadenende gesichert werden. Dazu nähst du auf der Rückseite des Stoffs einige kleine Stiche ganz dicht nebeneinander. Danach kannst du das Ende des Fadens abschneiden.

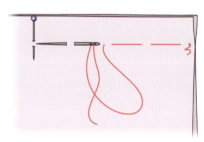

Heften
Wenn Teile nur vorübergehend zusammengehalten werden sollen, näht man sie auf der Nahtzugabe mit langen, geraden Stichen von Hand zusammen. Bei dünnen oder rutschigen Stoffen müssen die Heftstiche kürzer sein. Wenn die endgültigen Nähte fertig sind, werden die Heftstiche wieder entfernt.

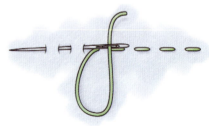

Vorstich
Dieser einfache gerade Stich wird von Hand genäht. Er kann zum Kräuseln oder als Verzierung dienen. Die Stiche müssen recht locker sein, damit sich der Stoff beim Kräuseln gleichmäßig zusammenzieht.

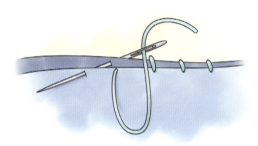

Überwendlicher Stich

Diesen Stich brauchst du, um Öffnungen zu schließen. Lege beide Kanten aufeinander. Stich mit der Nadel ganz nah an einer Kante nach vorn. Dann führst du die Nadel hinter deine Arbeit und stichst durch beide Kanten nach vorn. Entlang der Öffnung wiederholen. Kleine, gleichmäßige Stiche nähen.

Plattstich

Gerade Stiche werden so dicht nebeneinander gestickt, dass sie die Fläche einer Form ganz ausfüllen. Du kannst die Form auf dem Stoff vorzeichnen. Achte darauf, dass deine Stiche auch die vorgezeichnete Linie abdecken.

Rückstich (auch Steppstich)

Eine Naht im Rückstich sieht aus wie eine durchgehende Linie.

1 Von der Rückseite nach vorn stechen und ein Stück weiter rückwärts wieder zur Rückseite stechen. Ein kleines Stück vor dem ersten Ausstich wieder nach oben kommen.

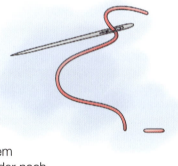

Langettenstich

Dies ist ein Stich zum Verzieren von Kanten oder zum Applizieren von Motiven.

1 An der Stoffkante ausstechen. Ein Stück daneben wieder einstechen, den Faden unter die Nadel legen und die Nadel durchziehen. Dabei legt sich eine kleine Schlaufe um die Stoffkante. Nicht zu fest ziehen.

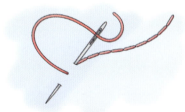

2 Nun stichst du dort ein, wo die Nadel beim letzten Stich herauskam. Ein Stück vor dem letzten Stich kommst du wieder nach oben. Bis zum Ende der Naht wiederholen.

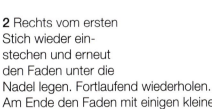

2 Rechts vom ersten Stich wieder einstechen und erneut den Faden unter die Nadel legen. Fortlaufend wiederholen. Am Ende den Faden mit einigen kleinen Stichen oder einem Knoten auf der Rückseite sichern.

Knöpfe annähen

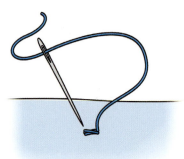

1 Zuerst die Position des Knopfes anzeichnen. Mit der Nadel an dieser Stelle nach vorn stechen und einige kleine Stiche nähen, um das Fadenende zu sichern.

2 Die Nadel durch eins der Löcher im Knopf nach oben stechen, durch das andere wieder nach unten bis zur Rückseite den Stoffs. Vier- oder fünfmal wiederholen. Den Faden nicht zu fest ziehen, damit sich der Knopf zum Öffnen und Schließen noch ein bisschen bewegen lässt. Wenn dein Knopf vier Löcher hat, ordne deine Stiche so an, dass sie auf seiner Oberseite ein Kreuz bilden.

Knötchenstich

Dieser Stich ergibt hübsche, kleine Knötchen auf der Oberfläche des Stoffs.

1 Einen Knoten ins Fadenende knüpfen, dann mit der Nadel zur Vorderseite stechen. Den Faden zwei- oder dreimal um die Nadel wickeln, dann an der Stelle, an der die Nadel herauskam, wieder einstechen.

2 Beim Durchziehen der Nadel die Garnwicklungen mit dem Daumennagel der freien Hand auf dem Stoff festhalten. Wenn du den Faden ganz durchgezogen hast, bilden diese Wicklungen das Knötchen auf der Stoffoberseite.

Perlen und Pailletten aufnähen

Stich mit der Nadel zur Stoffoberseite. Fädele eine Paillette und danach eine kleine Perle auf. Dann durch die Paillette und den Stoff zur Rückseite stechen. Die Perle hält die Paillette fest. Wenn du nur Perlen aufnähen willst, lass einfach die Paillette weg.

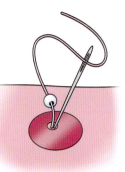

Nähen mit der Nähmaschine

Manchmal geht es schneller und einfacher, wenn du eine Nähmaschine benutzt. Lass dir zuerst von einem Erwachsenen erklären, wie eure Maschine funktioniert. Das Schwierigste ist oft das Einfädeln, aber auch das wirst du schnell lernen.

1 Lege zuerst eine Spule mit passendem Garn ein und fädele den Oberfaden ein.

2 Stelle einen geraden Steppstich in der richtigen Länge ein.

3 Hebe Nähfüßchen und Nadel an. Lege den Stoff so unter das Nähfüßchen, dass die Kanten von Stoff und Nähfüßchen genau aufeinander liegen. Dadurch ergibt sich eine Nahtzugabe von etwa 5 mm Breite.

4 Das Füßchen senken und vorsichtig aufs Gaspedal treten. Nähe langsam und führe den Stoff so, dass seine Kante immer genau entlang der Kante des Nähfüßchens verläuft: So wird die Naht schön gerade. Die Maschine transportiert den Stoff automatisch vorwärts. Du kannst ihn vorsichtig mit den Händen lenken, aber auf keinen Fall daran ziehen und zerren. Falls du Stecknadeln benutzt hast, ziehe sie heraus, bevor sie das Nähfüßchen erreichen.

5 Drücke am Ende der Naht auf die Rückwärtstaste und nähe einige Stiche rückwärts, um die Naht zu sichern. Dann das Füßchen anheben und den Stoff mit den Fäden herausziehen. In 10 cm Abstand zur Nadel die Fäden abschneiden. Fertig ist deine erste Naht.

Lass dir beim Nähen mit der Maschine von einem Erwachsenen helfen.

NÄHEN UND STICKEN

Zickzack-Stich

Die meisten Nähmaschinen können auch Zickzackstiche nähen. Du kannst die Stichlänge einstellen (die Abstände zwischen den einzelnen Zacken), aber auch die Stichbreite (die Breite der Zickzacklinie). Probiere zuerst auf einem Stoffrest einige Einstellungen aus. Zum Applizieren solltest du eine geringe Stichlänge und eine große Stichbreite einstellen. Dann liegen die Stiche dicht zusammen und der Stoff kann nicht ausfransen.

Eine Schleife binden

Halte das Band in der Mitte fest und lege eine Schlaufe. Halte sie mit Daumen und Zeigefinger fest. Lege mit der linken Hand das linke Ende des Bandes über deinen Daumen nach hinten. Ziehe das Band durch die Schlaufe, die du über deinen Daumen gelegt hast. Dann ziehe die beiden Schlaufen sorgfältig fest.

Motive aufbügeln

Haftvlies wird verwendet, um Stoffmotive fest auf ihrem Hintergrund zu fixieren. Danach werden sie von Hand oder mit der Nähmaschine appliziert.

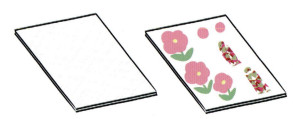

1 Ein Stück Haftvlies mit der rauen Seite nach unten (Papier nach oben) auf die Rückseite des Stoffs für das Motiv legen und aufbügeln. Schau auf der Vlies-Packung nach, wie heiß das Bügeleisen eingestellt werden darf. Danach das Motiv sauber aus dem Stoff ausschneiden.

2 Das Papier abziehen. Dann das Motiv auf den Hintergrundstoff legen – beide zeigen mit ihrer rechten Seite nach oben. Das Motiv bügeln. Dabei schmilzt das Vlies auf seiner Rückseite und verbindet das Motiv mit dem Hintergrundstoff.

Lass dir beim Aufbügeln mit Haftvlies von einem Erwachsenen helfen.

STRICKEN

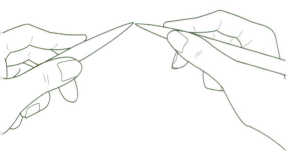

Die Anfangsschlinge

1 Den Faden locker um zwei Finger der linken Hand wickeln, dabei einmal überkreuzen. Eine Nadel unter den hinteren Faden schieben und durchziehen. Dabei entsteht eine Schlinge auf der Nadel.

2 Die Finger vorsichtig aus der Schlinge ziehen. Am Ende des Fadens ziehen, damit sich die Schlinge um die Nadel schließt. Sie muss so locker sitzen, dass du noch die zweite Stricknadel hineinschieben kannst.

Die Nadeln halten

Eine Nadel in die linke Hand nehmen und zwischen Daumen und Zeigefinger festhalten. Die andere Nadel in die rechte Hand nehmen. Halte sie etwa 2,5 cm von der Spitze entfernt.

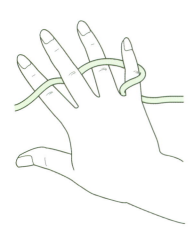

Das Garn halten

Halte beiden Nadeln mit der linken Hand und nimm mit der rechten das Garn auf. Das Ende, das zum Knäuel führt, liegt rechts. Wickle den Faden von innen nach außen um den kleinen Finger. Lege es dann den Ringfinger, unter den Mittelfinger und über den Zeigefinger der rechten Hand.

Maschen anschlagen

Es gibt verschiedene Methoden, Maschen anzuschlagen. Hier lernst du den Kordelanschlag mit zwei Nadeln kennen.

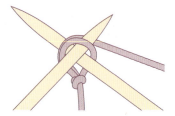

1 Zuerst eine Anfangsschlinge knüpfen (siehe Seite 15). Die Nadel mit der Anfangsschlinge in die linke Hand nehmen. Mit der anderen Nadel von vorn unter der linken Nadel in die Anfangsschlinge einstechen. Den Faden, der zum Knäuel führt, um die rechte Nadelspitze legen.

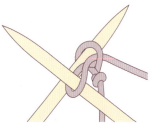

2 Die Fadenschlaufe mit der rechten Nadelspitze durch die Anfangsschlinge holen. Dies ist die erste Masche. Hebe sie von der rechten Nadel auf die linke.

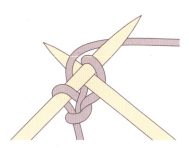

3 Für die nächste Masche zwischen den beiden vorherigen Maschen einstechen. Den Faden von links nach rechts um die Nadelspitze legen, eine neue Masche durchholen und auf die linke Nadel legen. Wiederholen, bis so viele Maschen auf der Nadel liegen, wie du für dein Projekt brauchst.

Rechte Maschen

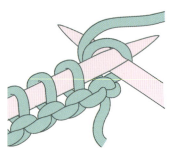

1 Die Nadel mit den angeschlagenen Maschen in die linke Hand nehmen. Mit der rechten Nadelspitze von links nach rechts in die erste Masche einstechen. Den Faden von links nach rechts um die Spitze der rechten Nadel legen.

2 Die Fadenschlaufe mit der rechten Nadel durchholen. Dies ist die erste rechte Masche.

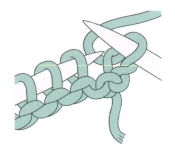

3 Die alte Masche vorsichtig von der linken Nadel gleiten lassen. Die neue Masche bleibt auf der rechten Nadel. Wiederholen, bis alle Maschen von der linken Nadel gestrickt sind. Für die nächste Reihe die Nadel, auf der nun die Maschen liegen, in die linke Hand nehmen.

Linke Maschen

1 Die Nadel mit den angeschlagenen Maschen in die linke Hand nehmen. Mit der rechten Nadelspitze von rechts nach links in die erste Masche einstechen. Den Faden von rechts nach links um die Spitze der rechten Nadel legen.

2 Die Fadenschlaufe mit der rechten Nadel durchholen. Dies ist die erste linke Masche.

3 Die alte Masche vorsichtig von der linken Nadel gleiten lassen. Die neue Masche bleibt auf der rechten Nadel. Wiederholen, bis alle Maschen von der linken Nadel gestrickt sind. Für die nächste Reihe die Nadel, auf der nun die Maschen liegen, in die linke Hand nehmen.

Maschenprobe

Als Maschenprobe bezeichnet man ein Probestück, an dem man die Zahl der Maschen und Reihen abzählen kann. Je nachdem, ob du fest oder locker strickst, fällt die Maschenprobe unterschiedlich aus. So ein Probestück ist besonders wichtig für Kleidungsstücke, die gut passen sollen. Wenn du eine Tasche oder einen Schal strickst, spielt die Maschenprobe keine so große Rolle.

Stricke das Probestück in dem Muster deines Projekts und benutze die angegebene Nadelstärke. Deine Maschenprobe sollte mindestens 15 x 15 cm groß sein.

Zwei Maschen rechts zusammenstricken (2 M re zus-str)

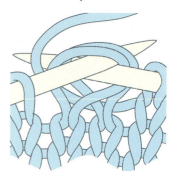

Mit der rechten Nadel von links nach rechts in zwei Maschen auf der linken Nadel einstehen, eine neue Masche durch beide holen und beide von der linken Nadel gleiten lassen.

Abketten

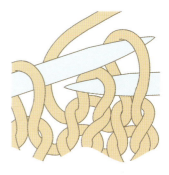

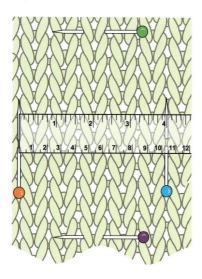

Lege das fertige Stück flach hin und markiere mit Stecknadeln ein Quadrat von 10 x 10 cm. Nimm zum Messen ein durchsichtiges Lineal. Dann zähle die Maschen und die Reihen zwischen den Stecknadeln. Sind es weniger Maschen und Reihen, als in der Anleitung angegeben ist, wird dein Modell größer ausfallen. Stricke eine neue Maschenprobe mit dünneren Nadeln und zähle nach, ob die Zahlen jetzt übereinstimmen. Hat deine Maschenprobe mehr Reihen und Maschen auf 10 cm, als in der Anleitung angegeben ist, wird dein Modell zu klein werden. Dann probiere es mit etwas dickeren Nadeln noch einmal.

Den Faden nach hinten legen und zwei Maschen rechts stricken. Mit der Spitze der linken Nadel die erste dieser beiden über die zweite und von der Nadel heben. Eine Masche rechts stricken und wieder die erste über die zweite und von der Nadel heben. Fortlaufend wiederholen. Am Ende den Faden durch die letzte Masche ziehen.

Fäden vernähen

Fädele lose Garnenden in eine dicke Sticknadel ohne Spitze ein und vernähe sie auf der Rückseite der Arbeit, am besten in einer Naht. Danach kannst du die letzten Enden abschneiden.

Glatt rechts

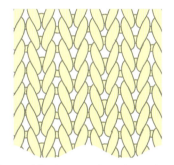

Für dieses Muster werden abwechselnd Reihen rechter und linker Maschen gestrickt. Die beiden Seiten des Strickstücks sehen unterschiedlich aus. Dieses Muster wird für Mützen und andere Modelle in diesem Buch verwendet.

Abkürzungen

Einige Abkürzungen musst du kennen, um die Anleitungen in diesem Buch zu verstehen.

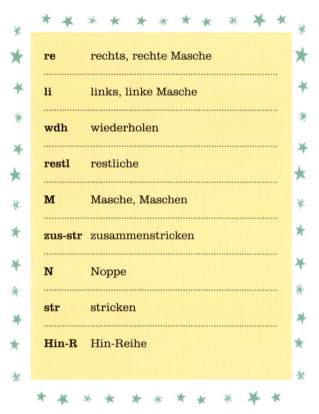

re	rechts, rechte Masche
li	links, linke Masche
wdh	wiederholen
restl	restliche
M	Masche, Maschen
zus-str	zusammenstricken
N	Noppe
str	stricken
Hin-R	Hin-Reihe

[ ] Eckige Klammern findest du, wenn Anweisungen mehrmals ausgeführt werden sollen. Zum Beispiel: [2 M re zus-str] 3x bedeutet, dass du dreimal zwei Maschen rechts zusammenstricken sollst.

( ) In runden Klammern wird angegeben, wie viele Maschen am Ende der Reihe auf der Nadel liegen. Die Maschenzahl kann sich durch Zu- oder Abnahmen von Reihe zu Reihe ändern. (6M) bedeutet, dass du am Ende der Reihe sechs Maschen haben musst.
Manchmal stehen auch Angaben für verschiedene Größen in runden Klammern. 6(8) M re bedeutet, dass für die kleinere Größe sechs rechte Maschen gestrickt werden, für die größere Größe aber acht.

KAPITEL 1
FÜR DEIN ZIMMER

In diesem Kapitel findest du viele tolle Ideen für dein Zimmer: einen Lampenschirm aus Stoff, hübsch beklebte Untersetzer, eine Magnettafel für deine Schminksachen und allerlei Witziges für den Schreibtisch. Wenn du noch nicht so viel Übung hast, beginne für den Anfang mit Pompons, Untersetzern oder Kerzen. Wer Lust auf eine Herausforderung hat, kann sich das Fotokissen oder die Stiftemappe vornehmen.

GERINGELTER LAMPENSCHIRM

Ein altes Lampenschirm-Gestell wird mit kunterbunten Stoffstreifen aufgepeppt und mit *Perlen* und *Pailletten* verziert.

Schwierigkeitsgrad

MATERIAL

Lampenschirm-Gestell mit vier oder sechs senkrechten Streben

Schere

ca. 20–25 Stoffstreifen, Bänder oder Borten, je ca. 90 x 2 cm

Verschiedene Perlen und Pailletten

Weißes Nähgarn

Nähnadel

Lampenfuß und Glühlampe

Sprühfarbe (wenn du möchtest)

1 Nimm von einem alten Lampenschirm den Stoff ab und entferne alle Klebstoffreste vom Metallgestell. Dann kannst du deinen ersten Stoffstreifen um die Streben des Gestells flechten.

2 Am Ende der ersten Runde die Enden des Stoffstreifens fest verknoten und kurz abschneiden. Geh mit anderen Stoffstreifen, Bändern und Borten genauso vor, bis das Gestell ganz bedeckt ist.

TIPPS

Wenn du keine alte Lampe findest, kannst du auch eine preiswerte neue auf diese Weise aufpeppen.

Einen hässlichen Lampenfuß kannst du mit Sprühfarbe verschönern. Nimm eine Farbe, die zum neuen Lampenschirm passt.

3 Nähe nun Pailletten und Perlen auf die Stoffstreifen. Suche immer einen Hintergrund aus, auf dem sie sich gut abheben. Danach kannst du den Schirm auf die Lampe setzen, eine Glühlampe hineindrehen und die Lampe einschalten.

FÜR DEIN ZIMMER

Foto-Kissen

Dieses Kissen ist eine Galerie deiner Lieblingsfotos. Du kannst die Bilder ganz für sich wirken lassen oder das Kissen mit Bändern und Knöpfen verzieren.

Schwierigkeitsgrad ✂✂✂

MATERIAL

Verschiedene Fotos, als Dateien gespeichert

2 Bögen Bügeltransfer-Papier in einer dunklen Farbe

Schere

40 x 40 cm Jeansstoff

Backpapier oder Silikonfolie

Bügeleisen

Nähmaschine und Garn

4 Streifen Haftvlies, je 32 x 6 cm

4 Stücke Spitzenborte, je 32 x 6 cm

20 x 20 cm Haftvlies

20 x 20 cm Stoff mit Sternenmuster

Verschiedene Knöpfe, Perlen und Pailletten

Band

40 x 55 cm Jeansstoff

Maßband

Kisseninlett, 38 x 38 cm

1 Drucke die Fotos auf die beiden Bögen Bügeltransfer-Papier. Lies dir vorher die Gebrauchsanweisung durch. Schneide die Bilder aus und ziehe das Papier von der Rückseite ab.

Lass dir bei 2, 3 und 4 von einem Erwachsenen helfen.

2 Ordne die Fotos auf dem Quadrat aus Jeansstoff, aber lass einen Rand frei. Lege Backpapier darauf und bügele die Bilder auf. Beachte auch dabei die Hinweise des Herstellers. Dann nähst du die Ränder der Fotos ringsherum mit der Nähmaschine mit engen Zickzackstichen fest.

FÜR DEIN ZIMMER

3 Bügele die Haftvlies-Streifen auf die Rückseiten der Spitzenstreifen. Beachte dabei die Hinweise des Herstellers. Zieh das Papier vom Haftvlies ab und lege die Spitzenstreifen als Rahmen um deine Fotos (siehe Abbildung). Nun kannst du die Spitzenstreifen auf den Hintergrund aufbügeln.

4 Bügele das Haftvlies-Quadrat auf die Rückseite des Sternenstoffs (wie in Schritt 3). Schneide einige Sterne aus, zieh das Papier von der Rückseite ab und verteile die Sterne auf deiner Fotomontage. Nachdem du sie aufgebügelt hast, kannst du noch Pailletten, Knöpfe und Perlen aufnähen. Binde eine Schleife und nähe sie in einer Ecke fest.

5 Schneide das Rechteck aus Jeansstoff in zwei Hälften (je 40 x 27,5 cm). Schlage an jeder Hälfte eine Längskante 1 cm breit nach innen um. Nähe die eingeschlagene Kante mit Zickzackstichen fest. Nun die Kissenvorderseite auf einen Tisch legen, die Fotos zeigen nach oben. Darauf die beiden Hälften der Rückseite legen, die rechte Stoffseite zeigt nach unten. Richte die äußeren Kanten von Vorder- und Rückseite genau aufeinander aus, dann überlappen die Rückseiten-Teile einander in der Mitte. Nun alle vier Außenkanten mit 1 cm Nahtzugabe ringsherum zusammennähen. Durch den Schlitz in der hinteren Mitte kannst du das Kissen auf rechts wenden. Zum Schluss das Inlett hineinschieben.

TRAUMFÄNGER

Hänge diesen hübschen Traumfänger an die Tür oder ans Fenster, damit er schlechte Träume von dir fern hält. Und wenn du nur schöne Träume hast, nimm ihn einfach als Dekoration!

Schwierigkeitsgrad

MATERIAL

Je 10 g Garn in Pink, Lindgrün, Grau, Korallenrot und Türkis

Innerer Ring eines Stickrahmens, etwa so groß wie die Spitzendecke

Gehäkelte Spitzendecke

Nähnadel und Garn

Verschiedene Plastikknöpfe und Perlen

Schere

Maßband oder Lineal

12-15 verschiedene Federn

30 cm Band

1. Umwickle den Holzring mit den verschiedenfarbigen Garnen. Ziehe den Faden jedes Mal durch die Schlaufe (siehe Abbildung). Dann entstehen kleine Knoten rings um den Ring und das Garn kann nicht verrutschen. Der ganze Holzring soll mit Garn bedeckt sein.

2. Lege die Häkeldecke auf den Ring und nähe sie an der bunten Umwicklung fest. Nähe kleine Stiche, die zwischen den Maschen der Spitze nicht auffallen. Dann kannst du verschiedene Perlen und Pailletten auf das Deckchen nähen.

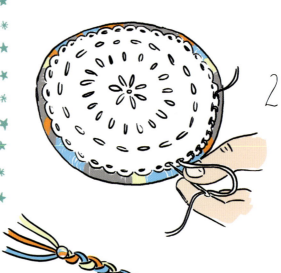

3. Schneide drei 40 cm lange Stücke Garn zu und knote sie 10 cm unterhalb des oberen Endes zusammen. Flechte unter dem Knoten einen 15 cm langen Zopf. Binde wieder einen Knoten, damit der Zopf nicht aufgehen kann. Insgesamt musst du drei solcher Zöpfe flechten.

4 Lege vier oder fünf Federn zu einem Bündel zusammen und umwickle ihre Enden fest mit einem 20 cm langen Stück Nähgarn. Die Garnenden fest verknoten. Fertige insgesamt drei Federbündel an.

5 Befestige an jedem Zopf ein Federbündel. Dazu wickelst du die Garnenden am unteren Ende des Zopfes fest um die Federn. Die Enden fest und sorgfältig verknoten. Du kannst sie auch mit einer Nadel durch die Wicklungen ziehen, um sie zu sichern. Die letzten Enden kurz abschneiden.

6 Die Zöpfe in gleichmäßigen Abständen am unteren Teil des umwickelten Rings festnähen. Dazu benutzt du die oberen, 10 cm langen Garnenden der Zöpfe. Die letzten Enden kurz abschneiden. Das Band oben durch den Ring ziehen und verknoten: Das ist die Schlaufe zum Aufhängen.

FÜR DEIN ZIMMER

SCHLAFMASKE

Mit dieser edlen Maske schläfst du wie ein Hollywood-Star!

1 Zuerst die Vorlage von Seite 116 kopieren, vergrößern und ausschneiden. Mit dieser Papierschablone die Form aus Punktestoff, Fleece und Volumenvlies ausschneiden. Die Form aus Volumenvlies ringsherum 1 cm kleiner schneiden.

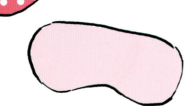

Schwierigkeitsgrad

MATERIAL

25 x 15 cm rosa Stoff mit Punkten

25 x 15 cm rosa Fleece

25 x 15 cm Volumenvlies

Schere

150 x 5 cm gelber Tüll

Nähnadel und Garn

Stecknadeln

Nähmaschine (wenn du möchtest)

65 cm schmale Zackenlitze in Rosa

30 cm schwarzes Gummiband (oder passend für deinen Kopf)

30 cm schmales Band in Rosa und Weiß

25 cm Spitze in Rosa

1 quadratische Schnalle mit Glitzersteinen

Rest Borte mit Eulenmotiv

Pailletten

2 Für die Spitzenrüsche in 5 mm Abstand zu einer Längskante des Tülls eine Reihe Vorstiche nähen (siehe Seite 10). Danach den Faden nicht aus der Nadel ziehen. Am Faden ziehen, um die Spitze zu einer Rüsche zusammenzukräuseln. Einen kleinen Stich nähen, um die Kräuselung zu fixieren.

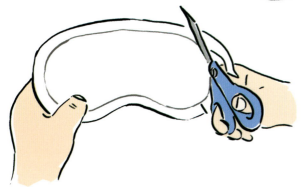

FÜR DEIN ZIMMER

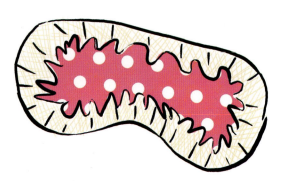

3. Die Rüsche auf der rechten Stoffseite des rosa Punktestoffs so feststecken, dass die Rüsche nach innen zeigt. Ringsherum heften.

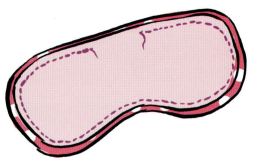

4. Die Fleece-Maske rechts auf rechts auf die gepunktete Maske legen und in 1 cm Abstand zu den Kanten ringsherum von Hand oder mit der Maschine zusammennähen. Ein 5 cm langes Stück an der Oberkante zum Wenden offen lassen. Die Stoffkanten dicht neben der Naht abschneiden, dann die Maske durch die Öffnung wenden.

5. Das Volumenvlies durch die Öffnung in die Maske schieben und glatt streichen. Die Stoffkanten an der Öffnung einschlagen und zusammenstecken. Die Zackenlitze rings um den Rand stecken und von Hand oder mit der Maschine aufnähen. Dabei wird auch die Öffnung in der Maske geschlossen. Die Enden des Gummibands an die beiden Seiten der Maske nähen.

6. Ein Stück rosa-weißes Band zur Schlaufe legen und von Hand in der oberen rechten Ecke der Maske festnähen.

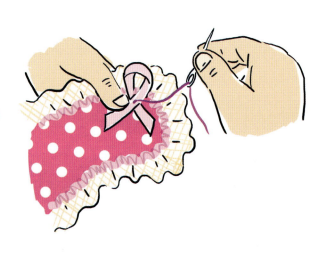

FÜR DEIN ZIMMER

TIPP
Du kannst auch ein anderes Band durch die Schnalle ziehen oder statt der Schnalle einen großen Glitzerstein verwenden.

7 Vorstiche entlang der Unterkante der rosa Spitze nähen, um sie zusammenzukräuseln (wie in Schritt 2). Die Spitze so eng wie möglich kräuseln und die Fadenenden fest verknoten, damit die Spitze wie eine Blüte aussieht. Die Blüte auf die Bandschlaufe legen und festnähen. Das Band mit Eulenmotiv durch die Schnalle ziehen, dann die Schnalle auf der Blüte festnähen. Zum Schluss werden locker verstreut die Perlen und Pailletten aufgenäht.

FÜR DEIN ZIMMER

TUTTI-FRUTTI-KERZEN

Kerzen kannst du leicht selbst machen, nur mit dem heißen Wachs musst du vorsichtig sein. Lass nie eine Kerze unbeaufsichtigt brennen.

Schwierigkeitsgrad

MATERIAL

Farbige Dessertgläser
Bunte Bonbons
2 Plastiktrinkhalme
Klebeband
4 lange Haushaltskerzen
20 cm Kerzendocht
1 großer Topf und 1 kleiner, der in den großen passt
Pinzette
Glaskanne, hitzebeständig
Farbige Glasperlen
Band

1 Fülle die Gläser ungefähr zur Hälfte mit Bonbons. Hänge den Docht ins Glas, um herauszufinden, wie lang er sein muss. Er endet kurz über den Bonbons. Schneide ihn auf die richtige Länge zu. Klebe zwei Trinkhalme an den Enden zusammen, klemme den Docht dazwischen ein und lege die Halme auf den Glasrand. Der Docht hängt jetzt im Glas.

Lass dir bei Schritt 2 und 3 von einem Erwachsenen helfen.

2 Den großen Topf zur Hälfte mit Wasser füllen, auf den Herd stellen und das Wasser zum Kochen bringen. Die Haushaltskerzen in den kleineren Topf legen und diesen in den größeren setzen. Die Kerzen im Wasserbad schmelzen. Die Dochte mit einer Pinzette aus dem flüssigen Wachs nehmen.

3   Vorsichtig das flüssige Wachs in die Dessertgläser gießen – am besten in der Spüle. Gieße in jedes Glas so viel Wachs, dass oben ein Rand von 2 cm Breite frei bleibt.

4   Wenn die Oberfläche des Wachses fest wird, vorsichtig die Trinkhalme entfernen (aber nicht die Dochte!). Streu zur Verzierung einige bunte Glasperlen auf die Oberfläche des Wachses.

5   Wenn das Wachs ganz abgekühlt ist, lege ein Stück Band um den oberen Rand des Glases und binde eine Schleife. Den Docht auf 1 cm kürzen.

SCHMINKSACHEN IM RAHMEN

Keine Lust mehr, im Schminktäschchen nach Lipgloss oder Wimperntusche zu wühlen? Dann bewahre deine Utensilien doch in einem hübschen Rahmen übersichtlich auf. Bildschön!

Schwierigkeitsgrad

MATERIAL

Metall-Pinnwand

Zange

Alter Bilderrahmen

Maßband oder Lineal

Stoff, etwas größer als der Rahmen

Schere

Heißklebepistole

Sprühfarbe

Feines Schleifpapier

Flache Magnete oder selbstklebendes Magnetband

1. Wenn die Metall-Pinnwand einen Rahmen hat, montiere ihn mit der Zange ab. Du brauchst nur die flache Metallplatte. Miss auf der Rückseite des Bilderrahmens senkrecht und waagerecht die Abstände zwischen den Rillen. Schneide die Metallplatte auf diese Größe zu, sodass sie genau in den Rahmen passt.

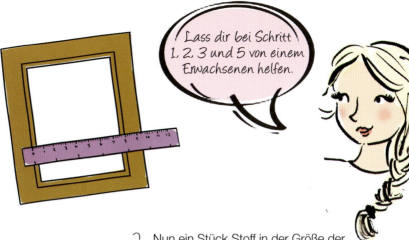

Lass dir bei Schritt 1, 2, 3 und 5 von einem Erwachsenen helfen.

2. Nun ein Stück Stoff in der Größe der Metallplatte zuschneiden und seine Ränder ringsherum mit der Heißklebepistole auf das Metall kleben. Dabei den Stoff etwas dehnen, damit er ganz glatt sitzt.

3. In einem gut belüfteten Raum oder im Freien den Rahmen mit Farbe einsprühen. Lege dabei alte Zeitungen unter, damit du nichts schmutzig machst. Die Farbe vollständig trocknen lassen.

4. Wenn du Schnörkel und Schnitzereien des Rahmens mit feinem Schleifpapier abreibst, sieht er aus wie antik. Danach wird die Metallplatte mit der Heißklebepistole in der Rille auf der Rückseite des Rahmens festgeklebt.

5. Flache Magnete kannst du mit der Heißklebepistole auf der Rückseite deiner Lieblings-Schminkutensilien festkleben. Einfacher geht es mit Magnetklebeband: Ein Stück abschneiden, Papier abziehen und festkleben. Für schwere Schminkutensilien brauchst du vielleicht zwei Magnete.

FÜR DEIN ZIMMER

BUNTE UNTERSETZER

Reste von Stoff und Papier kannst du gut für eine Collage gebrauchen. Für diese Untersetzer kannst du sogar Bilder aus Zeitschriften ausschneiden.

Schwierigkeitsgrad

MATERIAL

Verschiedene Bilder oder gemustertes Papier

Schere

Bastelleim

Spatel zum Verteilen des Leims

4 kleine weiße Fliesen, quadratisch

Stempel / Stempelkissen

Pailletten / Glitzersteine für Fingernägel

4 Stücke Filz, so groß wie die Fliesen

Klarlack

Pinsel

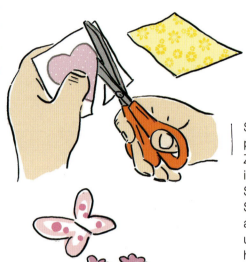

1. Schneide aus Geschenkpapier, Seidenpapier, Zeitschriftenfotos oder interessanten alten Schnittmustern kleine Stücke aus. Breite sie auf einer Tischplatte aus und schiebe sie hin und her, bis du eine schöne Anordnung gefunden hast.

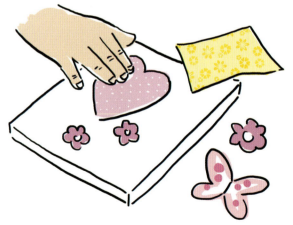

2. Bestreiche die Oberseiten der Fliesen dünn und gleichmäßig mit dem Leim. Verteile die Kleckse dünn, sonst zeichnen sie sich auf deiner Collage ab. Klebe dann deine Papierstücke und Bilder auf die Fliese. Wo sie einander überlappen, musst du vielleicht noch etwas mehr Leim auftragen. Beklebe alle Fliesen.

3 Stemple Buchstaben oder Motive auf kleine Stücke von hübschem Papier. Schneide sie aus und klebe sie mit kleinen Leimtupfen auf deine Collagen.

4 Streue in den feuchten Leim Mini-Pailletten oder glitzernden Flitter. Lass dann den Leim so lange trocknen, bis sich die Teilchen nicht mehr verschieben lassen, und bestreiche die ganze Fläche noch einmal mit Leim. Vollständig trocknen lassen.

5 Dreh eine Fliese um, bestreiche die Rückseite dünn mit Leim und klebe ein Stück Filz darauf. Achte darauf, dass die Filzränder genau an den Fliesenkanten liegen. Alle Rückseiten mit Filz bekleben. Dann die Fliesen wieder umdrehen, die Bildseiten mit Klarlack einpinseln und vollständig trocknen lassen.

FÜR DEIN ZIMMER

HÄSCHEN-STIFTEMAPPE

Für diese Stiftemappe in Hasenform brauchst du keine Schneidermeisterin zu sein. Sie ist aus Stoffresten ruckzuck genäht.

Schwierigkeitsgrad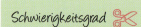

MATERIAL

26 x 28 cm Fleece in Pink

Maßband

Schere

Stecknadeln

26 x 14 cm Haftvlies

Kleine Reste von Stoff mit Blumen und anderen Mustern

Bügeleisen

Sticknadel

Stickgarn in Weiß und Rosa

Reißverschluss in Rosa, 12,5 cm lang

Nähmaschine

Etwas Polyester-Füllwatte

15 cm schmales Band

Lass dir bei Schritt 2 und 3 von einem Erwachsenen helfen.

1 Aus dem Fleece zwei Stücke von 26 x 14 cm zuschneiden, aufeinander legen und zusammenstecken. Die Hasen-Vorlage von Seite 116 kopieren und vergrößern. Die Schablone auf die Rückseite des Fleece legen und die Ohren ausschneiden.

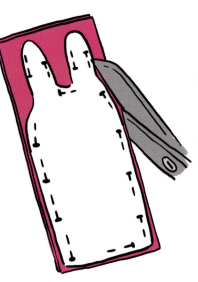

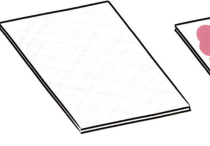

2 Zwei Stücke Haftvlies auf die Rückseiten des geblümten und gemusterten Stoffs bügeln. Beachte dabei die Hinweise auf der Verpackung. Schneide einige Blumenmotive und zwei Ohren aus. Außerdem musst du zwei kleine Kreise für die Wangen ausschneiden.

FÜR DEIN ZIMMER

3 Das Papier vom Haftvlies abziehen. Blumen, Ohren und Wangen auf die richtigen Positionen legen. Schau dafür ruhig auf dem Foto nach. Beachte beim Aufbügeln die Gebrauchshinweise für das Haftvlies.

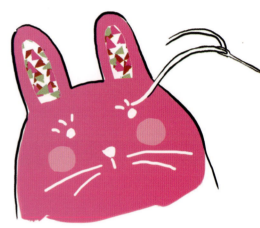

4 Sticke die Ränder von Ohren, Wangen und Blumen mit weißem Stickgarn im Rückstich nach. Die Augen werden mit Knötchenstichen aufgestickt. Denk auch an die Nase und die Barthaare. Auf Seite 10–12 kannst du nachsehen, wie die Stiche gestickt werden.

5 Schneide die verzierte Fleece-Vorderseite 1 cm unter der Nase quer durch. Dort wird der Reißverschluss eingenäht. Die Kanten beider Teile nach innen einschlagen und an den Trägerbändern des Reißverschlusses feststecken. Den Reißverschluss einheften und die Stecknadeln herausziehen.

6 Nähe den Reißverschluss mit der Nähmaschine ein. Danach werden die Heftfäden wieder aus dem Stoff gezogen.

7 Vorder- und Rückseite rechts auf rechts legen. Den Reißverschluss ein Stück öffnen. Die Außenkanten genau aufeinander legen, stecken und mit 1 cm Nahtzugabe zusammennähen. Oben offen lassen. Den Hasen durch die Öffnung auf rechts wenden.

8 Mit rosa Stickgarn im Langettenstich die Oberkanten der Ohren und den oberen Kopf umsticken. Dabei wird auch die Öffnung geschlossen. In jedes Ohr etwas Füllwatte schieben, dann die Unterkanten der Ohren mit kleinen Vorstichen zunähen, damit die Watte nicht herausrutscht. Aus dem Band eine kleine Schleife binden und an einem Ohr festnähen.

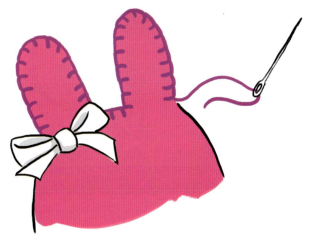

FÜR DEIN ZIMMER

LIEBLINGSSEIFEN

Diese Seifen sehen im Badezimmer hübsch aus und sind auch ein tolles Geschenk für liebe Freunde und Verwandte.

Schwierigkeitsgrad

MATERIAL

Ca. 500 g transparente Seifenbasis, in Würfel geschnitten

Messbecher

Frischhaltefolie

Mikrowelle

Lebensmittelfarben nach Wahl

Lebensmittelaromen nach Wahl

Kochlöffel

Silikonformen (Herz und Blume)

1. Die gewürfelte Seifenbasis in einen Messbecher füllen und mit Frischhaltefolie abdecken. In der Mikrowelle schmelzen – immer nur kurze Momente einschalten und zwischendurch kontrollieren, ob die Masse schon flüssig ist. Die Seife darf nicht zu heiß werden.

2. Gib tropfenweise Lebensmittelfarbe dazu, bis dir der Farbton gefällt. Lebensmittelaromen geben der Seife einen schönen Duft. Vorsichtig, aber gründlich umrühren.

> Lass dir bei Schritt 1 und 3 von einem Erwachsenen helfen.

TIPPS

Transparente Seifenbasis bekommt man in gut sortierten Bastelgeschäften und im Internet. Wie viel du brauchst, hängt von der Größe deiner Formen ab.

Größere Mengen kannst du in einem Topf auf dem Herd schmelzen. Wenn sich eine Haut bildet, während du Farbe und Duft zugibst, ist die Seife schon zu stark abgekühlt. Dann erhitze sie noch einen Moment, bis sie wieder flüssig wird.

FÜR DEIN ZIMMER

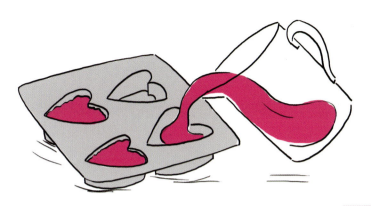

3. Die Mischung in die Formen gießen und abkühlen lassen. Wenn die Seife kalt und fest ist, kannst du sie einfach aus den Formen herausdrücken.

TIPP
Du kannst auch stem- oder herzförmige Blüten basteln. Zeichne einfach Formen vor und benutze sie als Schablonen zum Zuschneiden des Filzes.

POMPON-BLUMEN

Echte Blumen sind natürlich schön, aber diese hübschen Filzblumen halten viel länger!

1. Die Holzstäbchen mit Farbe oder Filzstift grün anmalen und trocknen lassen. Die Vorlage für die Blume von Seite 119 kopieren und ausschneiden. Auf jedes Stück Filz zwei Blumen zeichnen, sorgfältig ausschneiden und beiseite legen.

2. Vom türkisfarbenen Garn 20 cm abschneiden und beiseite legen. Den ganzen Rest des türkisfarbenen Garns um die Zinken der Gabel wickeln.

3. Ein Ende des 20 cm langen Fadens in Türkis zwischen den mittleren Zinken der Gabel durchziehen, ganz fest um die gewickelten Fäden legen und sorgfältig verknoten.

4. Das Garn von der Gabel nehmen. Die langen Fäden nochmals fest um die Mitte wickeln und wieder gut verknoten. Die Schlaufen an beiden Seiten mit der Schere aufschneiden. Den Pompon aufplustern und schön rund zurechtschneiden. Dabei aber nicht die beiden langen Fäden abschneiden: Sie werden zum Festnähen an der Filzblume gebraucht.

Schwierigkeitsgrad

MATERIAL

5 Holzspieße

Farbe / Filzstift in Grün

Pinsel (bei Bedarf)

Bleistift oder Textilstift

Filzreste in Pink, Lindgrün, Lila, Korallenrot und Türkis

Schere

Je 3,2 m Garn in Türkis, Pink, Lindgrün, Lila und Korallenrot

Große Gabel aus Metall

Sticknadel mit großem Öhr

Bastelleim

Sticktwist in Pink, Lindgrün, Lila, Korallenrot und Türkis

Kleine Vase aus Porzellan

FÜR DEIN ZIMMER

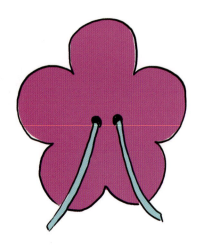

5 Schritte 2–4 mit den anderen Garnfarben wiederholen. Du brauchst insgesamt fünf Pompons. Suche für jede Filzblume einen Pompon in einer Kontrastfarbe aus. Fädele einen der langen Fäden des Pompons in die dicke Sticknadel ein und stich knapp neben der Mitte der Blüte zur Rückseite durch. Den Faden durchziehen. Mit dem anderen Faden wiederholen.

6 Verknote die beiden Enden miteinander, und binde dabei das Ende eines Holzstäbchens fest. Falls die Fadenenden noch zu lang sind, schneide sie ab. Bestreiche eine Filzblume in derselben Farbe auf der Rückseite mit Leim. Klebe sie auf die Rückseite der ersten Blume. Knoten und Stäbchen-Ende werden dadurch verdeckt.

7 Sticke nun überwendliche Stiche (siehe Seite 11) mit Garn in einer Kontrastfarbe um den ganzen Rand der Blume. Alle anderen Blumen werden ebenso gebastelt. Schneide die Stäbchen auf die passende Länge und stelle sie in die Vase.

BLEISTIFT-DEKO AUS FILZ

Mit solchen hübschen Endstücken sehen Bleistifte gleich viel lustiger aus. Sie sind ganz einfach zu nähen. Anschließend kannst du sie mit Pailletten, Knöpfen oder Schleifen nach Lust und Laune verzieren.

Schwierigkeitsgrad

MATERIAL

Filz in Rot, Lindgrün, Dunkelrot, Grau, Cremeweiß, Türkis und Korallenrot

Bleistift oder Textilstift

Schere

Baumwollsticktwist in Grün, Gelb, Rot, Türkis, Korallenrot, Dunkelrot und Lindgrün

Nähnadel

8 kleine gelbe Pailletten

2 kleine weiße Knöpfe

15 cm schmales Band in Türkis

1 große Paillette in Pink

1 Die Vorlagen von Seite 117 kopieren und ausschneiden. 2 Erdbeeren auf rotem Filz vorzeichnen, 1 Blatt und 2 Puppenkörper auf grünem Filz, 1 Puppenkopftuch auf dunkelrotem Filz, 1 Puppenschürze auf grauem Filz, 1 Puppengesicht auf cremeweißem Filz, 2 Eulenkörper auf türkisfarbenem Filz und 2 Eulenflügel auf korallenrotem Filz. Alle Formen aus dem Filz ausschneiden.

2 Auf einer Erdbeere mit überwendlichem Stich und grünem Garn ein Blatt festnähen (siehe Abbildung). Die Pailletten mit gelbem Garn auf die Erdbeere nähen. Die zweite Erdbeere hinter die erste verzierte legen und beide mit Langettenstich (siehe Seite 11) und rotem Garn zusammennähen. Unten eine Öffnung lassen.

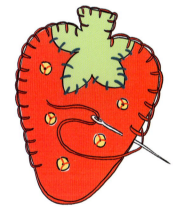

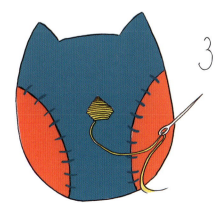

3 Die Eulenflügel mit türkisfarbenem Garn auf die Seiten eines Eulenkörpers nähen (siehe Abbildung). In die Mitte mit Plattstich (siehe Seite 11) eine Raute sticken: Das ist der Schnabel. Über dem Schnabel zwei Knöpfe als Augen aufnähen (siehe Seite 12).

FÜR DEIN ZIMMER

4 Das Band zur Schleife binden und auf der Brust der Eule festnähen. Die zweite Eule hinter die erste verzierte legen und beide mit Langettenstich (siehe Seite 11) und korallenrotem Garn zusammennähen. Unten eine Öffnung lassen.

5 Auf einen Puppenkörper mit grünem Garn das Kopftuch nähen. Das Gesicht auf das Kopftuch legen, Augen und einen lächelnden Mund mit dunkelrotem Garn aufsticken. So wird auch das Gesicht auf dem Kopftuch fixiert. Schau dir vor dem Sticken auch das Gesicht auf dem Foto an.

6 Die Schürze und die große Paillette auf den unteren Teil der Puppe legen und mit korallenrotem Garn durch die Paillette nähen, um diese und die Schürze an der Puppe zu befestigen. Die zweite Puppe hinter die erste verzierte legen und beide mit Langettenstich (siehe Seite 11) und grünem Garn zusammennähen. Unten eine Öffnung lassen.

7 Nun kannst du deine Stifte in die Öffnungen an den unteren Enden der Figuren stecken.

FÜR DEIN ZIMMER

FÜR DEIN ZIMMER

KAPITEL 2
KLEIDUNG UND ACCESSOIRES

In diesem Kapitel lernst du viele verschiedene Techniken kennen – da ist für jeden etwas dabei. Du kannst ein trendiges T-Shirt batiken oder Schmuck selbst basteln, aber du findest auch tolle Ideen, um Kleidung, Schuhe oder Accessoires modisch aufzupeppen. Für alle, die Lust zum Stricken haben, gibt es hier auch viel zu tun. Wie wäre es mit den niedlichen Panda-Hausschuhen?

GESTRICKTES STIRNBAND

Das Stirnband wird im Perlmuster immer geradeaus gestrickt – das schaffst du auch, wenn du das Stricken gerade erst lernst. Als Deko gibt es eine hübsche Blume.

Schwierigkeitsgrad

MATERIAL

Strickfilz-Wolle
(LL ca. 50 m/100 g)

Rest in Petrol (= Garn A)
100 g in Pink (= Garn B)
Rest in Grau (= Garn C)

Stricknadeln 12 mm
Nadelspiel 6,5 mm
Dicke Sticknadel ohne Spitze
Schere
Stecknadeln

Größe: Einheitsgröße

1 Die Strickanleitung findest du im Kasten unten.

2 Forme aus der Kordel 5 Blütenblätter, stecke sie zusammen und nähe dann ihre unteren Enden zusammen (siehe Abbildung).

3 Für die Kugel mit Garn C und Nadelstärke 6,5 eine Masche anschlagen. Aus dieser werden drei Maschen herausgestrickt: eine rechte Masche stricken, aber die Masche nicht von der linken Nadel nehmen. Den Faden zwischen den Nadeln nach vorn legen, eine linke Masche stricken, die Masche auf der linken Nadel liegen lassen. Den Faden nach hinten legen und eine rechte Masche stricken. Erst jetzt die ursprüngliche Masche von der linken Nadel nehmen.

STRICKANLEITUNG

Maschenprobe
8 Maschen und 11 Reihen glatt rechts mit Nadelstärke 12 = 10 x 10 cm

Muster
8 Maschen mit Garn B und Nadelstärke 12 anschlagen.
1. Reihe: 1 M re, *1 M li, 1 M re; ab * wdh bis zur letzten M, 1 M li.
2. Reihe: 1 M li, *1 M re, 1 M li; ab * wdh bis zur letzten M, 1 M re.
Die 1. und 2. Reihe wdh, bis eine Höhe von 50 cm erreicht ist.
Abketten.

Kordelblüte
2 M mit Garn A und Nadelstärke 6,5 anschlagen. Eine 50 cm lange Kordel stricken (siehe Seite 56).

Fertigstellung
Das Stirnband rechts auf rechts zusammenlegen und die Enden im Matratzenstich zusammennähen (siehe Schritt 2, Seite 61). Auf rechts wenden.

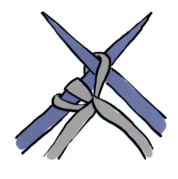

4 Jetzt liegen drei Maschen auf der Nadel. Wenden und drei Maschen links stricken. Wieder wenden, die drei Maschen rechts stricken.

5 Wieder wenden. 2 Maschen links zusammenstricken, die letzte Masche links stricken.

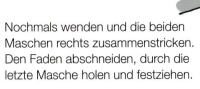

6 Nochmals wenden und die beiden Maschen rechts zusammenstricken. Den Faden abschneiden, durch die letzte Masche holen und festziehen.

7 Die Kugel in der Mitte der Kordelblüte mit dem Fadenende festnähen.

8 Die Blüte seitlich mit unauffälligen Stichen am Stirnband festnähen.

KLEIDUNG UND ACCESSOIRES 53

GESTRICKTE FAUSTHANDSCHUHE

Diese niedlichen Handschuhe halten deine Finger schön warm. Sie werden in Einerrippen und glatt rechts aus reiner Wolle gestrickt und mit weichen Pompons und glitzernden Perlen verziert.

MATERIAL

Schwierigkeitsgrad

Strickfilzwolle (LL ca. 50 m/50 g)

2 x 50 g in Pink (= Garn A)

1 x 50 g in Weiß (= Garn B)

Stricknadeln 6,5 mm

Nadelspiel 5 mm

Sicherheitsnadel oder Maschenraffer

Dicke Sticknadel ohne Spitze

Schere

Glasperlen in Rosa

Pappe

Größe: Einheitsgröße

Die Strickanleitung findest du im Kasten unten.

STRICKANLEITUNG

Maschenprobe
13 Maschen und 19 Reihen glatt rechts mit Nadelstärke 6,5 = 10 x 10 cm

Anleitung

LINKER HANDSCHUH

28 M mit Nadelstärke 6,5 und Garn A anschlagen.

Reihe 1 (Hin-R): *1 M re, 1 M li; ab * wdh bis Ende.

Reihen 2–8: wie Reihe 1.

Reihen 9–16: glatt rechts stricken.

Reihe 17: 4 M re, Faden abschneiden. Nächste 4 M auf eine Sicherheitsnadel legen (für den Daumen). Neuen Faden ansetzen, re M str bis zu den letzten 20 M.

Reihe 18: 20 M re, wenden. 4 M anschlagen, wenden, Reihe links beenden.

Reihen 19–34: glatt rechts stricken.

Reihe 35: 1 M re, *2 M re zus-str, 1 M re; ab * wdh bis Ende.

Reihe 36: links stricken.

Reihe 37: rechts stricken

Reihe 38: links stricken.

Reihe 39: 1 M re, [2 M re zus-str] stets wdh bis Ende.

Faden abschneiden und durch die restlichen Maschen ziehen.

DAUMEN

2 M von der Sicherheitsnadel auf Nadel 1 str. Die restl 2 M von der Sicherheitsnadel auf Nadel 2 str. 1 M von der Seitenkante aufnehmen und re str (3 M auf Nd 2).

4 M von der Anschlagkante und 1 M von der Seitenkante auf Nadel 3 aufnehmen und re str. (5 M auf Nd 3)

8 Runden rechts stricken. Faden abschneiden, durch die restl M fädeln und festziehen.

RECHTER HANDSCHUH

Reihen 1–16: wie beim linken Handschuh vorgehen.

Reihe 17: 20 M re, Faden abschneiden. Nächste 4 M auf einer Sicherheitsnadel stilllegen. Neuen Faden ansetzen und die letzten 4 M rechts stricken.

Reihe 18: 4 M li, wenden. 4 M anschlagen, wenden, li M str bis Ende.

Reihen 19–39: wie beim linken Handschuh vorgehen.

DAUMEN
Wie beim linken Handschuh vorgehen.

Fertigstellung

Die Rippenbündchen der Handschuhe umschlagen und auf der rechten Seite mit Matratzenstich (siehe Seite 61) festnähen.

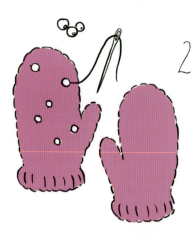

2 Nähe auf die Oberseite jedes Handschuhs einige kleine rosa Perlen, so wie auf dem Foto auf Seite 55.

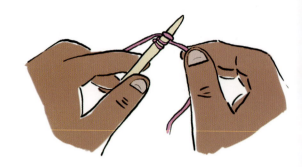

3 Für die Kordel 3 Maschen mit Garn B und Nadelstärke 5 anschlagen. Die 3 Maschen rechts stricken.

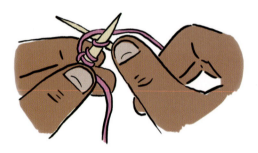

4 Nicht wenden, sondern die Maschen ans andere Ende der rechten Nadel schieben. Die Nadel in die linke Hand nehmen und die Maschen auf die rechte Nadel abstricken.

5 Den Faden hinter die Arbeit legen. Die (leere) rechte Nadel in die erste Masche auf der linken Nadel einstechen, den Faden stramm ziehen und die Masche stricken. Dann die beiden folgenden Maschen stricken. Schritt 4 und 5 wiederholen, bis die Kordel 35 cm lang ist.

6 Mit Garn B vier Pompons mit 5 cm Durchmesser basteln (siehe Seite 59). In beide Kordeln Schleifen binden und an den vier Enden die Pompons mit unauffälligen Stichen festnähen.

7 Die Schleifen auf dem Handrücken unterhalb des umgeschlagenen Bündchens mit unauffälligen Stichen festnähen (siehe Foto S. 65).

GESTRICKTE HAUSSCHUHE

Diese weichen Hausschuhe sind gemütlich und sehen mit ihren Panda-Gesichtern auch witzig aus. Sie sind einfach zu stricken, und mit der dicken Wolle geht es auch flink voran.

Stricke zuerst zwei Hausschuhe. Die Anleitung findest du im Kasten unten. Dort sind manchmal Maschenzahlen für verschiedene Größen angegeben, immer in der Reihenfolge Small(**Medium**/Large). Lies zuerst die ganze Anleitung durch und markiere die Zahlen für die Größe, die du stricken willst.

Schwierigkeitsgrad

MATERIAL

Reine Wolle (LL ca. 80 m/100 g)

100 g in Weiß

Stricknadeln 8 mm

Pappe

Schere

Je 1 Stück Filz in Schwarz und Weiß

4 kleine schwarze Knöpfe, 8 mm Durchmesser

Nähnadel

Weißes Nähgarn

Textilkleber

Rest schwarze Wolle

Dicke Sticknadel ohne Spitze

Rest rosa Wolle

Größen:

Small (Schuhgröße 33–34)

Medium (Schuhgröße 35–38)

Large (Schuhgröße 39–41)

STRICKANLEITUNG

Maschenprobe
10 Maschen und 15 Reihen glatt rechts mit Nadelstärke 8 = 10 x 10 cm

Anleitung
(2 gleiche Hausschuhe stricken)

Mit weißem Garn 24(**26**/28) M anschl.

Reihe 1: 9 M re, 6(**8**/10) M li, 9 M re

Reihe 2 (Hin-R): rechts stricken

Reihen 3–20: Reihen 1–2 noch 9x wdh.

SPITZE:
9(**15**/19) Reihen glatt rechts str, mit einer Rück-R (li M) beginnen und enden.

Nächste Reihe: [2 M re zus-str] stets wdh. (12/**13**/14 M)

Nächste Reihe: links stricken.

NUR FÜR DIE GRÖSSEN SMALL UND LARGE
Nächste Reihe: [2 M re zus-str] stets wdh (6/7 M)

NUR FÜR GRÖSSE MEDIUM:
Nächste Reihe: [2 M re zus-str] wdh bis zur letzten M, 1 M re. (**7 M**)

ALLE GRÖSSEN:
Faden abschneiden, aber ein 12 cm langes Ende hängen lassen. Durch die restl M fädeln, fest zusammenziehen und vernähen.

Fertigstellung
Den Hausschuh zur Hälfte falten und entlang der Anschlagkante zusammennähen. Dabei die Ferse etwas zusammenziehen, damit sie rund wird.

Die Spitze bis zum glatt rechts gestrickten Teil im Matratzenstich zusammennähen (siehe Schritt 2, Seite 61).

KLEIDUNG UND ACCESSOIRES

2. Übertrage die Vorlagen von Seite 117 auf Pappe und schneide sie aus. Schneide mithilfe dieser Schablonen vier äußere Augen und zwei herzförmige Nasen aus schwarzem Filz und vier innere Augen aus weißem Filz zu.

3. Lege ein inneres Auge mittig auf ein äußeres und nähe mit weißem Garn einen Knopf obendrauf, um beide Lagen zusammenzuhalten. Bereite alle vier Augen so vor.

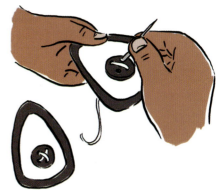

4. Befestige Augen und Nasen mit etwas Textilkleber auf den Vorderteilen der Schuhe. Sieh auf dem Foto nach, wie die Gesichter aussehen sollen. Das Maul wird mit schwarzer Wolle im Rückstich (siehe Seite 11) aufgestickt. Umsticke dann die oberen Ränder der beiden Schuhe mit rosa Garn im Langettenstich (siehe Seite 11).

5. Schneide aus Pappe zwei Kreise von 5 cm Durchmesser. Schneide in die Mitte Löcher, sodass du Ringe erhältst. Lege beide Ringe aufeinander und umwickle sie mit schwarzer Wolle – immer durch die Mitte und über den äußeren Rand, bis das Loch in der Mitte ausgefüllt ist.

6. Schiebe eine Schere zwischen die Pappringe und schneide alle Wollfäden am Rand durch. Die Pappscheiben etwas auseinander ziehen, aber noch nicht ganz abnehmen. Einen schwarzen Wollfaden zwischen die Pappringe legen, ganz fest um die Fäden in der Mitte wickeln und doppelt verknoten. Dann die Pappringe abnehmen und den Pompon in Form bringen. Du brauchst insgesamt vier Pompons. Schau auf dem Foto nach, wo sie angenäht werden.

KLEIDUNG UND ACCESSOIRES

GESTRICKTER SCHLAUCHSCHAL

Dies ist ein tolles Projekt zum Üben, weil die verschiedenen Muster ganz einfach zu stricken sind. Die Wolle ist kuschelweich und so dick, dass der Schlauchschal im Handumdrehen fertig wird.

MATERIAL

Filzwolle (LL 50 m / 100 g)
2 x 100 g in Petrol (= Garn A)
1 x 100 g in Pink (= Garn B)
1 x 100 g in Grau (= Garn C)

Schwierigkeitsgrad

Stricknadeln 12 mm
Dicke Sticknadel ohne Spitze
Schere

Größe: Einheitsgröße

Stricke die beiden Hälften des Schlauchschals so, wie es unten beschrieben ist. Lege die Teile nebeneinander (rechte Seite nach oben) und nähe zwei Schmalseiten zusammen.

STRICKANLEITUNG

Maschenprobe
8 Maschen und 9 Reihen glatt rechts mit Nadelstärke 12 = 10 x 10 cm

Noppen stricken (N)
Aus der nächsten M 3 M herausstricken (1 M re, 1 M li, 1 M re). Wenden, 3 M li.
Wenden, 3 M re. Wenden, 2 M li zus-str, 1 M li. Wenden, 2 M re zus-str.

Anleitung
(2 gleiche Teile stricken)
Mit Nadelstärke 12 und Garn A 34 M anschlagen.

Reihe 1 (Hin-R): 2 M re, *2 M li, 2 M re; ab * wdh bis Ende.
Reihe 2: 2 M li, *2 M re, 2 M li; ab * wdh bis Ende.
Reihen 3–6: Reihen 1 und 2 noch 2x wdh.
Reihe 7: Garn B, rechts stricken.
Reihe 8: links stricken.
Reihe 9: Garn A, rechts stricken.
Reihe 10: links stricken.
Reihe 11: Garn C, rechts stricken.
Reihe 12: links stricken.
Reihe 13: 4 M re, *N, 4 M re; ab * wdh bis Ende.
Reihe 14: links stricken.
Reihe 15: rechts stricken.
Reihe 16: links stricken.
Reihe 17: Garn B, rechts stricken.
Reihe 18: *1 M re, 1 M li; ab * wdh bis Ende.
Reihe 19: *1 M li, 1 M re; ab * wdh bis Ende.
Reihe 20: *1 M re, 1 M li; ab * wdh bis Ende.
Reihe 21: Garn A, rechts stricken.
Reihe 22: Garn C, links stricken.
Reihe 23: Garn B, rechts stricken.
Reihe 24: Garn A, links stricken.
Reihen 25–30: Reihen 1 und 2 noch 3x wdh.
Abketten

Fertigstellung
Alle Fäden sorgfältig vernähen.

2. Einen Faden deiner Wolle in eine dicke Sticknadel ohne Spitze einfädeln und unter den ersten beiden Querfäden zwischen der ersten und zweiten Masche auf der linken Seite durchstechen. Dann unter den Querfäden der ersten beiden Maschen auf der rechten Seite durchstechen. Nun kommen die nächsten beiden Querfäden auf der linken Seite dran. So geht es immer hin und her, bis die ganze Naht geschlossen ist.

3. Die beiden anderen Schmalseiten genauso zusammennähen. Danach musst du noch die lose herabhängenden Garnenden vernähen – fertig.

KLEIDUNG UND ACCESSOIRES

VERZIERTE STOFFSCHUHE

Hast du ein Paar langweilige Stoffschuhe? Warum verzierst du sie nicht mit gestempelten Motiven und Stofffarben? Wir haben Schleifen gestempelt, aber du kannst dir auch andere Motive aussuchen.

Schwierigkeitsgrad

MATERIAL

Stempel (Schleife, nur Umriss) und Stempelkissen

Stoffschuhe

Dünner bis mittlerer Pinsel

Stofffarben in Rot, Pink und Weiß

Dünner Textilstift in Schwarz

Glitzersteine zum Aufbügeln und Bügeleisen, oder einfache Glitzersteine und Heißklebepistole

160 cm Ripsband in einer passenden Farbe

1 Die Schnürsenkel aus den Schuhen ziehen und beiseite legen. Den Stempel aufs Stempelkissen drücken oder dünn mit Farbe einpinseln. Die Motive in lockerer Anordnung auf beide Schuhe stempeln. Gut trocknen lassen.

2 Die Motive mit dem Pinsel und roter Stofffarbe ausmalen. Wenn das Rot trocken ist, kannst du mit Rosa und Weiß nachmalen, damit die Schleifen dreidimensional aussehen. Schau dir dafür das Foto gegenüber genau an.

3 Wenn die Stofffarben trocken sind, zeichne die Umrisse der Schleifen sorgfältig mit dem schwarzen Textilstift nach. Du kannst mit dem Stift auch noch Details einzeichnen.

4 Wenn du Glitzersteine zum Aufbügeln benutzt, lies dir zuerst die Gebrauchshinweise des Herstellers genau durch. Normale Glitzersteine kannst du mit einem kleinen Tupfer Heißkleber befestigen.

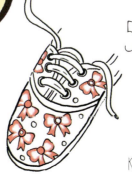

Lass dir bei Schritt 4 von einem Erwachsenen helfen.

5 Schneide das Ripsband in zwei gleiche Hälften und fädele sie durch die Ösen der Schuhe, damit auch die Schnürsenkel zum neuen Dekor deiner Schuhe passen.

KLEIDUNG UND ACCESSOIRES

EULENTASCHE

Diese witzige Tasche macht einfach gute Laune. Sie wird aus buntem Fleece, Filz und altem Jeansstoff genäht. Wenn du Lust hast, kannst du noch ein gemustertes Futter einnähen. Sie ist groß genug für alle wichtigen Sachen, die du mit dir herumtragen möchtest.

Schwierigkeitsgrad: ✂✂

MATERIAL

- Dünne Pappe
- Filzstift
- Papierschere
- 1 x 1 m Fleece in Rosa
- Stoffschere
- Filzreste in Fuchsia und Senfgelb
- Rest Jeansstoff von einer alten Jeans oder einem Rock
- Extrastarker Textilkleber
- 4 cm breiter Streifen Bügelvlies
- Bügeleisen
- Stecknadeln
- Nähmaschine
- Rosa Nähgarn
- Maßband
- 1 x 1 m gemusterter Stoff für das Futter (wenn du möchtest)

Größe: Einheitsgröße

1 Die Vorlage für das Hauptteil auf Seite 119 kopieren und vergrößern. Den Umriss auf die dünne Pappe übertragen und ausschneiden. Das ist das Schnittmuster für Vorder- und Rückseite. Dieses Schnittmuster auf den rosa Fleece legen und zwei Teile zuschneiden (eine Vorder- und eine Rückseite).

2 Die Vorlagen von Seite 118 kopieren und zuschneiden. Du brauchst zwei äußere Augen und die längste Feder aus fuchsiafarbenem Filz; Schnabel, kürzeste Feder, Flügel und zweitgrößte Augen aus gelbem Filz; drittgrößte Augen und mittlere Feder aus rosa Fleece (auf der Rückseite vorzeichnen); innere Augen aus dem Jeansrest.

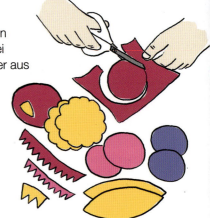

3 Alle Lagen eines Auges mit etwas Textilkleber aufeinander kleben. Schau dir dafür das Foto gegenüber genau an. Das andere Auge ebenso zusammenkleben. Nun die Vorderseite der Tasche auf den Tisch legen, die rechte Stoffseite zeigt nach oben. Augen, Schnabel, Federn und Flügel mit dem Textilkleber auf den Stoff kleben. Auch dabei hilft dir ein Blick auf das Foto.

4 Das Bügelvlies auf der linken Stoffseite auf die Oberkanten von Vorder- und Rückseite bügeln. Die Kanten 4 cm breit nach innen einschlagen und feststecken. Die eingeschlagenen Kanten mit der Nähmaschine feststeppen.

Lass dir bei Schritt 4 von einem Erwachsenen helfen.

5 Für die Griffe zwei Streifen von 62 x 8 cm aus Jeansstoff zuschneiden. Die Streifen rechts auf rechts der Länge nach zur Hälfte falten. Die Längsseiten mit der Nähmaschine zusammensteppen. Die Griffe auf rechts wenden und bügeln.

6 Die Enden eines Griffs in Abständen von etwa 5 cm zu den Seiten an die inneren Oberkanten des Vorderteils stecken. Ringsherum feststeppen, dann ein X in das Viereck steppen, damit sie gut halten. Den anderen Griff ebenso an die Rückseite der Tasche nähen.

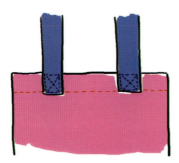

7 Vorder- und Rückseite der Tasche rechts auf rechts aufeinander legen. Seiten und Unterkante mit der Nähmaschine mit 1 cm Nahtzugabe zusammennähen. Die Tasche auf rechts wenden.

8 Mit dem Schnittmuster aus Pappe nun ein Vorderteil und ein Rückenteil aus Futterstoff zuschneiden. Die Teile rechts auf rechts legen, Seiten und Unterkante mit der Nähmaschine mit 1 cm Nahtzugabe zusammennähen. Die Oberkante des Futters 4 cm breit nach außen umfalten und bügeln.

9 Das Futter links auf links in die Tasche schieben und glattstreichen. Futter und Tasche entlang der Oberkanten zusammenstecken und ringsherum mit der Nähmaschine zusammennähen.

KLEIDUNG UND ACCESSOIRES

JEDE MENGE ANHÄNGER

Dies ist eine tolle, ganz neue Technik, um aus Zeichnungen, Briefmarken, Fotos und anderen Bildern einzigartigen Schmuck zu machen.

Schwierigkeitsgrad

MATERIAL

Computer und Drucker oder Stempel und Stempelkissen

2–3 Bögen Schrumpffolie

Farbstifte, Filzstifte oder Farben (wenn du möchtest)

Schere

Locher

Backblech

Backofen

Perlenschnur aus Nylon und dünne Nadel

Verschiedene kleine Perlen

1,3 m schmales Seidenband

Hülse von einem Lippenstift oder Ähnliches (wenn du möchtest)

1. Suche etwa 14 Bilddateien aus. Vielleicht musst du sie vergrößern, denn beim Erhitzen schrumpfen sie auf etwa ein Drittel ihrer ursprünglichen Größe zusammen. Drucke die Bilder auf einen Bogen Schrumpffolie.

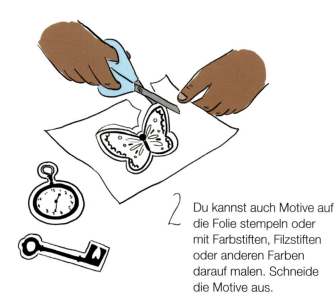

2. Du kannst auch Motive auf die Folie stempeln oder mit Farbstiften, Filzstiften oder anderen Farben darauf malen. Schneide die Motive aus.

3. Stanze ins obere Ende jedes Motivs ein Loch, damit du es auffädeln kannst.

KLEIDUNG UND ACCESSOIRES

4 Lege die ausgeschnittenen Motive auf ein Backblech und schalte den Ofen ein. Lies in der Gebrauchsanweisung der Folie nach, welche Temperatur du einstellen musst. Du kannst nun zuschauen, wie die Folie beim Erhitzen zusammenschrumpft und zu hartem Plastik wird. Nimm die Anhänger aus dem Ofen und lass sie abkühlen.

Lass dir bei Schritt 4 und 8 von einem Erwachsenen helfen.

5 Jetzt kannst du deine Anhänger, immer abwechselnd mit einigen Perlen, auf Nylonschnur fädeln. Die letzte Perle an jedem Ende muss etwas größer sein. Zieh eine Fadenschlaufe durch diese letzte Perle, verknote den Faden gut und schneide ihn ab.

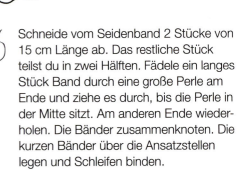

6 Schneide vom Seidenband 2 Stücke von 15 cm Länge ab. Das restliche Stück teilst du in zwei Hälften. Fädele ein langes Stück Band durch eine große Perle am Ende und ziehe es durch, bis die Perle in der Mitte sitzt. Am anderen Ende wiederholen. Die Bänder zusammenknoten. Die kurzen Bänder über die Ansatzstellen legen und Schleifen binden.

KLEIDUNG UND ACCESSOIRES

7 Für den Ring schneidest du ein Stück Schrumpffolie von ca. 13 x 3 cm zu. Ein Motiv stempeln oder malen, dann den Ring in den Ofen schieben (siehe Schritt 4).

8 Wenn das Plastik geschrumpft ist, nimm es schnell mit Topflappen aus dem Ofen. Sofort, bevor es abkühlt, um eine kleine Röhre biegen. Eine Lippenstifthülse hat eine gute Größe. Beim Abkühlen erstarrt das Plastik und behält seine Ringform.

KLEIDUNG UND ACCESSOIRES

HÜLLEN FÜR HANDY UND IPOD

Nadelfilzen macht Spaß. Es ist ganz einfach, schnell zu lernen, und es gelingt jedem. Bei diesen Hüllen werden ganz ohne Stoff Motive appliziert.

CUPCAKE-MOTIV

1 Die Vorlagen für Cupcake und Handy-Hülle von Seite 119 auf Pappe übertragen und ausschneiden. Mithilfe der Hüllen-Vorlage zwei Filzstücke für Vorder- und Rückseite zuschneiden. Das Cupcake-Motiv auf die Vorderseite legen und den Umriss mit Filzstift nachzeichnen.

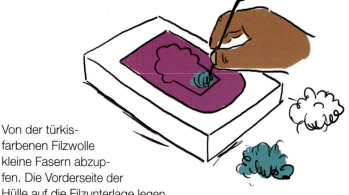

2 Von der türkisfarbenen Filzwolle kleine Fasern abzupfen. Die Vorderseite der Hülle auf die Filzunterlage legen. Wollfasern auf das Motiv legen und mit der Filznadel dicht an dicht innerhalb der Umrisslinie durch Wolle und Filz stechen. Die Filznadel senkrecht halten. Immer wieder neue Wollfasern auflegen und filzen, bis der Umriss ganz ausgefüllt ist. Der Zuckerguss wird mit weißer Wolle ebenso gefilzt.

Schwierigkeitsgrad ✂✂

MATERIAL

Bleistift

Pappe

Schere

Textilstift

Filzunterlage

Filznadel

Nähnadel

Sticktwist in Grün

Cupcake-Motiv

Filz in Pink

Je 25 g Filzwolle in Türkis, Weiß und Pink

Goldene Stäbchenperlen, 6 mm lang

Nähgarn in Weiß

Schleifen-Motiv

Filz in Senfgelb

Je 25 g Filzwolle in Türkis und Pink

Pailletten in Violett

Nähgarn in Violett

KLEIDUNG UND ACCESSOIRES

3. Sticke jetzt mit grünem Stickgarn im Rückstich (siehe Seite 11) die Streifen auf das Unterteil des Cupcakes. Schau dir dafür das Foto auf Seite 71 an. Die goldenen Stäbchenperlen werden mit doppeltem weißen Nähgarn auf den Zuckerguss genäht.

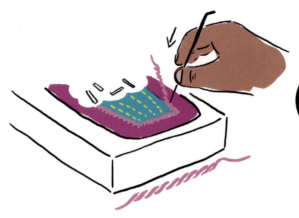

Lass dir bei Schritt 2, 4 und 5 von einem Erwachsenen helfen.

4. Drehe einige Fasern pinkfarbene Wolle zusammen und lege sie wie eine Kordel um den Umriss des Unterteils. Filze sie auf dem Untergrund fest. Die Kontur fällt sauberer aus, wenn du die Filznadel dabei etwas schräg hältst.

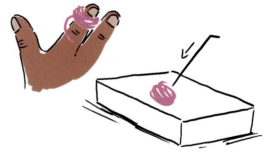

5. Für die dreidimensionale Kirsche wickelst du Wollfasern um deinen Zeigefinger, bis eine runde Kugelform entsteht. Die Kugel auf die Filzunterlage legen, vielfach einstechen und dabei immer drehen. Wickle weitere Wollfasern herum und filze sie, bis sich die Kugel fest anfühlt und einen Durchmesser von etwa 2 cm hat. Dann wird die Kirsche oben auf dem Cupcake festgefilzt.

6 Vorder- und Rückseite der Hülle links auf links aufeinander legen. Die Seiten und die Unterkante mit grünem Garn im Langettenstich (siehe Seite 11) zusammennähen.

SCHLEIFEN-MOTIV

Dafür brauchst du gelben Filz als Untergrund und die Schleifen-Vorlage von Seite 119. In Schritt 3 werden Einzelheiten mit grünem Garn aufgestickt. Die Pailletten nähst du mit violettem Garn auf.

KLEIDUNG UND ACCESSOIRES

NOTIZBUCH

Jedes Mädchen braucht einen Platz für Listen, Pläne, Ideen und vor allem Geheimnisse – zum Beispiel so ein niedliches Notizbuch. Der einfache Knopfverschluss sorgt dafür, dass neugierige Augen keinen Blick riskieren können.

Schwierigkeitsgrad

MATERIAL

Klebestift oder doppelseitiges Klebeband

Dünne weiße Pappe

Cutter und Schneidematte

Nadel und Faden

Pailletten

1 Knopf

Klebeband

14 Bögen weißes Kopierpapier

Langer, kräftiger Tacker

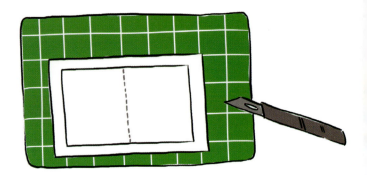

1 Die Vorlagen für den äußeren und inneren Umschlag von Seite 121 mit einem Farbkopierer vergrößern. Den äußeren Umschlag mit Klebestift oder doppelseitigem Klebeband auf einer Seite der weißen Pappe befestigen. Mit einem Cutter auf einer Schneidematte sorgfältig entlang der Kontur des Umschlags schneiden.

2 Fädele passendes Garn in eine Nadel und nähe einige Pailletten auf den Umschlag des Notizbuches, etwa so wie auf dem Foto gegenüber. In die Mitte einer Schmalseite nähst du einen mittelgroßen Knopf.

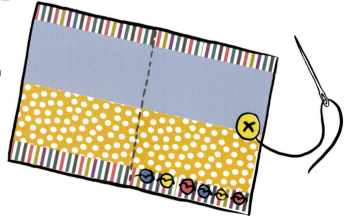

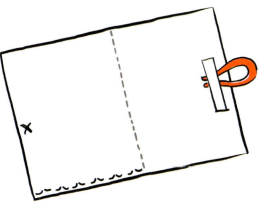

3. Den Umschlag umdrehen. Aus Band eine kleine Schlaufe legen und die Enden gegenüber vom Knopf mit einem Stück Klebeband an die andere Seite des Umschlags kleben. Die Schlaufe wird später zum Verschließen des Büchleins benutzt.

KLEIDUNG UND ACCESSOIRES

4   Nun mit Klebestift oder doppelseitigem Klebeband die Innenseite des Umschlags auf die Pappe kleben und nochmals die äußere Kontur sauber abschneiden, falls es nötig ist. Jetzt sind alle Stiche und Nähfäden versteckt und die Innenseite sieht sauber aus.

5   Schneide das Kopierpapier mit dem Cutter auf der Schneidematte so zu, dass es in den Umschlag des Buchs passt. Alle Bögen in der Mitte falten, scharf kniffen und wieder öffnen.

6   Den Umschlag vorsichtig in der Mitte kniffen und wieder öffnen. Das weiße Papier hineinlegen. Alle Mittelkniffe müssen genau aufeinander liegen. Das Notizbuch umdrehen.

Lass dir bei Schritt 1 und 7 von einem Erwachsenen helfen.

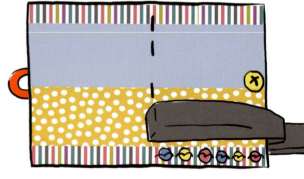

7   Hefte nun Seiten und Umschlag mit dem Tacker zusammen. Du musst sehr kräftig drücken, damit die Heftklammern alle Papierlagen durchdringen. Lege lieber die Schneidematte unter.

KLEIDUNG UND ACCESSOIRES

8. Mit doppelseitigem Klebeband klebst du jetzt ein Stück schmales Band in die Mitte der Außenseite, um die Heftklammern zu verdecken. Klappe das Notizbuch zu und hake die Schlaufe über den Knopf.

PORTEMONNAIE

Aus alten Reißverschlüssen kann man tolle Dekorationen machen. Wenn du sie aufrollst, sehen sie aus wie Blüten. Ein schöner Schmuck für Taschen und Portemonnaies!

Schwierigkeitsgrad

MATERIAL

12 x 30 cm gemusterter Stoff

Maßband

Schere

Bügeleisen

Stecknadeln

1 Reißverschluss, ca. 12 cm lang

Nähnadel

Nähgarn

Nähmaschine

12 x 30 cm Fleece

1 langer Metallreißverschluss in einer passenden Farbe

Heißklebepistole (wenn du möchtest)

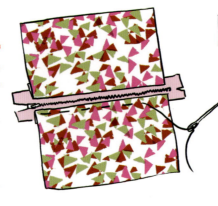

1. Schneide den Stoff in zwei Stücke von je 12 x 15 cm. Falte eine Längskante 1 cm breit nach links um und kniffe die Faltlinie. Nun die gefalteten Kanten an den kürzeren Reißverschluss stecken, heften und die Stecknadeln wieder entfernen. Den Reißverschlussfuß in die Nähmaschine einsetzen und beide Seiten des Reißverschlusses festnähen. Die Heftfäden entfernen.

2. Den Reißverschluss zur Hälfte öffnen und die beiden Stoffteile rechts auf rechts legen. Seiten und Unterkanten mit der Maschine zusammennähen. Die Nahtzugaben zurückschneiden. Den Reißverschluss ganz öffnen und die Tasche auf rechts wenden.

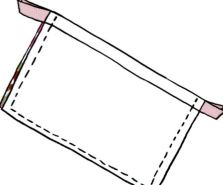

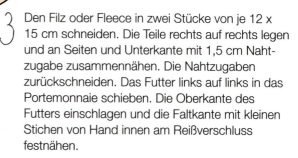

3. Den Filz oder Fleece in zwei Stücke von je 12 x 15 cm schneiden. Die Teile rechts auf rechts legen und an Seiten und Unterkante mit 1,5 cm Nahtzugabe zusammennähen. Die Nahtzugaben zurückschneiden. Das Futter links auf links in das Portemonnaie schieben. Die Oberkante des Futters einschlagen und die Faltkante mit kleinen Stichen von Hand innen am Reißverschluss festnähen.

4 Öffne für die Blumen den langen Metallreißverschluss und schneide die beiden Seiten am unteren Ende auseinander. Ein Ende mit der linken Hand festhalten und eine Schlaufe legen. Das ist das erste Blütenblatt. Fixiere es mit einem kleinen Stich durch die Mitte der Blüte.

5 Forme insgesamt fünf solcher Schlaufen. Den restlichen Reißverschluss aufrollen und unauffällig zusammennähen. Das ist das Zentrum der Blüte.

6 Für kleine Rosenknospen rollst du kurze Stücke vom Reißverschluss auf und nähst sie unten zusammen. Wenn alle Blüten fertig sind, kannst du sie auf dein Portemonnaie nähen oder mit einer Heißklebepistole aufkleben.

Lass dir bei Schritt 6 von einem Erwachsenen helfen.

KLEIDUNG UND ACCESSOIRES

NAGELLACK-JUWELEN

Hast du alten Modeschmuck, den du nicht mehr leiden magst? Dann peppe ihn doch mit Nagellack auf! Knallige Farben fallen ins Auge. Pastellfarben sehen zarter auf, aber vielleicht musst du zwei Schichten auftragen.

Schwierigkeitsgrad

MATERIAL

Alte Halskette mit Glitzersteinen

Alte Ohrringe mit Glitzersteinen

Altes Armband mit Glitzersteinen

Nagellack in Flieder, Gelb, Korallenrot und Orange

Fingernagel-Schmucksteinchen und Pailletten (wenn du möchtest)

1 Überlege zuerst, in welchen Farben du die verschiedenen Steine deiner Schmuckstücke bemalen möchtest. Dann bestreiche jedes Steinchen mit dem gewünschten Nagellack. Größere Steine musst du vielleicht mehrmals lackieren.

2 Wenn du magst, kannst du noch Pailletten oder Glitzersteinchen in den feuchten Nagellack streuen. Bevor du den Schmuck tragen kannst, muss der Nagellack vollständig trocknen.

80 KLEIDUNG UND ACCESSOIRES

TIPPS

Gebrauchten Modeschmuck kann man für wenig Geld in Second-Hand-Läden kaufen. Stücke, die eigentlich nicht zusammengehören, werden mit etwas Nagellack zu einem Set, das gut zusammenpasst.

Wenn der Nagellack zäh ist, kannst du ihn mit einigen Tropfen Nagellackentferner verdünnen. Gut schütteln!

Ist etwas danebengegangen? Tauche ein Wattestäbchen in Nagellackentferner, dann lässt sich die Panne schnell beseitigen.

HALSSCHMUCK AUS STOFF

Für eine schöne Halskette brauchst du nicht dein Taschengeld zu opfern. Aus einer alten Perlenkette und einem Stück Stoff lässt sich toller Schmuck basteln – auch zum Verschenken.

Schwierigkeitsgrad

MATERIAL

1 Stoffstreifen, ca. 40 x 4 cm

Nadel und Faden

Alter Schlüssel als Anhänger

Alte Kette mit dicken Perlen oder eine Tüte Holzperlen

1 m passendes Band

Heißklebepistole

1 Falte den Stoff der Länge nach und nähe die Längskanten zusammen. Wende den Schlauch auf rechts.

2 Fädele den Schlüssel auf den Schlauch, schiebe ihn bis zur Mitte und verknote den Schlauch, damit der Schlüssel nicht verrutschen kann.

3 Schiebe eine Perle in den Stoffschlauch und lass sie bis zum Schlüssel rutschen. Hinter der Perle wieder einen Knoten binden. Vier oder fünf weitere Perlen in den Schlauch schieben und hinter jeder einen Knoten binden. Dann auf der anderen Seite des Schlüssels ebenso viele Perlen einschieben und abknoten. Die leeren Enden der Stoffschläuche auf beiden Seiten abschneiden.

TIPPS

Der Stoffschlauch muss länger sein als die Kette, weil durch die Knoten etwas von seiner Länge verloren geht. Schneide den Stoffstreifen lieber etwas länger zu. Überflüssige Enden kannst du zum Schluss abschneiden. Viel ärgerlicher ist es, wenn du beim Basteln feststellst, dass der Stoffschlauch für deine Kreation zu kurz ist.

Der Stoff muss glatt und recht dick sein. Seide ist ideal.

Lass dir bei Schritt 4 von einem Erwachsenen helfen.

4 Das Band in vier gleich lange Stücke schneiden. Mit der Heißklebepistole an jeden Knoten am Ende des Stoffschlauchs zwei Stücke Band kleben: eins auf dem Knoten, eins darunter. Wenn der Kleber trocken ist, in die Ansatzstellen zwischen Stoffschlauch und Band auf jeder Seite einen Knoten binden.

KLEIDUNG UND ACCESSOIRES

TIPP
Du kannst die gefalteten Kreise so anordnen, wie es dir gefällt. Wir haben sie halbkreisförmig am vorderen Ausschnitt angeordnet, aber als ganzer Kreis sehen sie genauso schön aus.

BLUMEN-SCHUHE

Einfarbige Schuhe mit einer Dekoration aus Stoff sehen aus wie ein nagelneues Paar. Probier's aus!

Schwierigkeitsgrad

MATERIAL

- Pappe
- Maßband oder Lineal
- Zirkel
- Schere
- Bleistift oder selbst löschender Textilstift
- 32 x 36 cm gemusterter Stoff
- Nadel und Faden
- 1 Paar schlichte Ballerinas
- Heißklebepistole

1. Zeichne mit einem Zirkel einen Kreis von 6 cm Durchmesser auf die Pappe und schneide sie aus. Benutze diese Schablone, um 20 Kreise auf der linken Seite des Stoffs vorzuzeichnen. Alle Kreise ausschneiden.

2. Falte die Kreise längs und quer, sodass du Viertelkreise hast. Die gemusterte Seite zeigt nach außen. Nähe einige Stiche durch die Faltkanten, damit sich die Kreise nicht öffnen. Das musst du mit allen 20 Kreisen tun.

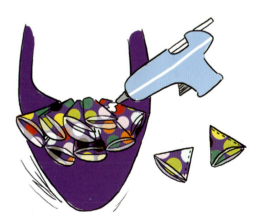

Lass dir bei Schritt 3 und 4 von einem Erwachsenen helfen.

3. Befestige mit der Heißklebepistole fünf dieser Blütenblätter an der vorderen Ausschnittrundung eines Schuhs. Sie müssen einander überlappen, damit die Blüte füllig aussieht.

4. Klebe eine zweite Lage aus weiteren fünf Blütenblättern auf. Verziere den anderen Schuh ebenso. Dann zupfst du die Blüten auseinander, damit sie schön locker aussehen.

KLEIDUNG UND ACCESSOIRES

BATIK-TOP

Retro ist total angesagt, und Batik war schon einmal sehr modem. Du kannst ein weißes Top oder T-Shirt ganz einfach in ein ganz und gar einzigartiges Stück verwandeln.

Schwierig-keitsgrad

MATERIAL

Weißes Top oder Shirt aus reiner Baumwolle

Gummibänder

Gummihandschuhe

Batik-Kaltfarbe in Pink

Messbecher

Große Schraubgläser

1 Zieh einen Zipfel Stoff vom Shirt hoch, knülle ihn in der Hand zusammen und binde ein Gummiband ganz fest herum. Wo das Gummiband sitzt, dringt keine Farbe in den Stoff ein, er bleibt also weiß. Binde mehrere solcher Zipfel ab.

Lass dir bei Schritt 2 und 3 von einem Erwachsenen helfen.

2 Löse die Stofffarbe in einem Messbecher in Wasser auf. Lies auf der Packung nach, wie viel Wasser du brauchst, und zieh vorsichtshalber Gummihandschuhe an. Fülle die Mischung in große Schraubgläser. Wenn etwas übrig bleibt, kannst du es aufbewahren.

> **TIPP**
> Du kannst die Zipfel des Shirts auch in verschiedene Farben eintauchen, dann bekommst du ein buntes Batikmuster.

3 Stell das Glas in eine Edelstahlspüle oder auf eine Arbeitsfläche, die du dick mit Zeitungspapier abgedeckt hast. Tauche die abgebundenen Zipfel in die Farbe. Gieße auch Farbe auf die anderen weißen Flächen des Shirts, bis es ganz bedeckt ist.

4 Jetzt muss die Farbe auf den Stoff einwirken. Lies auf der Packung der Farbe nach, wie lange du warten musst. Anschließend das Shirt mit viel klarem Wasser spülen, die Gummibänder entfernen und das Shirt zum Trocknen aufhängen.

KLEIDUNG UND ACCESSOIRES

TASCHE MIT STEMPELDRUCK

Aus gewöhnlichen Radiergummis kannst du tolle Stempel schnitzen, um damit alles Mögliche zu verzieren: Taschen, Karten, Umschläge, Geschenkanhänger und noch viel mehr.

Schwierigkeitsgrad ✂✂✂

MATERIAL

Für die Stempel

Transparentpapier und Bleistift

8 Radiergummis in verschiedenen Größen

Cutter

Stempelkissen (wenn du möchtest)

Für die Tasche

40 x 80 cm Stoff in Pink

Maßband

Schere

Farbe in Hellrosa

Pinsel

Glitzer-Nagellack

Verschiedene Knöpfe und Pailletten

Nähnadel und Garn

Stecknadeln

30 cm Borte

Nähmaschine

Großer, mit Stoff bezogener Knopf

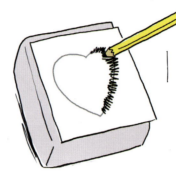

1 Pause ein Stempelmotiv von Seite 117 auf Transparentpapier durch. Drehe das Papier um, lege es auf das Radiergummi und zeichne den Umriss mit kräftigem Druck nach, um das Motiv auf das Radiergummi zu übertragen.

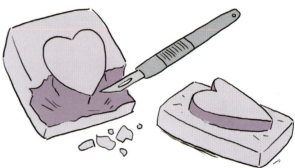

2 Schneide mit dem Cutter rings um das Motiv so viel vom Radiergummi weg, dass nur das Motiv stehen bleibt. Drücke den Stempel zwischendurch aufs Stempelkissen und dann auf ein Stück Papier, um zu kontrollieren, ob ein sauberer Abdruck entsteht oder ob du noch etwas wegschneiden musst. Bereite mehrere Stempel mit verschiedenen Motiven vor.

Lass dir bei Schritt 2 von einem Erwachsenen helfen.

KLEIDUNG UND ACCESSOIRES

3 Schneide aus dem Stoff zwei Stücke von 40 x 30 cm und zwei Streifen von 30 x 10 cm zu. Auf die rechte Seite eines großen Stoffteils mit Bleistift ein großes Herz zeichnen. Mit dem Pinsel rosa Farbe auf einen Stempel auftragen und ein Motiv in das Herz stempeln. Fülle das ganze Herz mit verschiedenen Motiven aus.

4 Übermale die gestempelten Herzen mit Glitzer-Nagellack. Danach kannst du bunte Knöpfe und Pailletten locker verteilt auf die Fläche nähen.

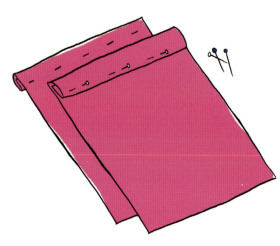

5 Falte die Oberkanten der großen Stoffstücke doppelt nach links um und stecke sie fest. Steppe diesen Saum am Rückenteil der Tasche entlang der Einschlagkante mit der Nähmaschine fest. Auf der rechten Stoffseite des Vorderteils steckst du die Borte an die Oberkante. Damit wird auch der Saum festgehalten.

6 Für die Griffe faltest du die Stoffstreifen der Länge nach rechts auf rechts zusammen. Die Längskanten mit der Maschine zusammennähen, die Griffe auf rechts wenden und bügeln.

7 Die Enden eines Griffs im Abstand von 5 cm zu den Seitenkanten innen an die Oberkante der Taschenrückseite stecken. Mit Zickzackstich in 1 cm Abstand zur Oberkante über die ganze Breite steppen, um die Griffe zu befestigen. Am Vorderteil die Griffe ebenso feststecken, aber mit Zickzackstich entlang der Oberkante und der Unterkante der Borte steppen. So werden Saum und Griffe in einem Arbeitsgang festgenäht.

8 Vorder- und Rückseite der Tasche rechts auf rechts aufeinanderlegen und mit der Nähmaschine die Seiten und die Unterkante zusammennähen. Auf rechts wenden und vorsichtig mit einem Bügeltuch bügeln. Den großen Knopf auf der Vorderseite am Ansatz eines Griffs festnähen.

KLEIDUNG UND ACCESSOIRES

KAPITEL 3
PARTYLAUNE

Einen Grund zum Feiern gibt es immer! In diesem Kapitel findest du viele tolle Ideen, um ein Zimmer festlich herauszuputzen. Wie wäre es mit bunten Wimpeln oder einer Origami-Lichterkette? Erinnerungsfotos gehören unbedingt dazu, und mit Hilfe der Vorlagen gelingen auch witzige Requisiten für eine vergnügte Foto-Session im Handumdrehen. Warum lädst du nicht deine Freundinnen zu einer gemeinsamen Bastel-Party ein? Ihr werdet garantiert jede Menge Spaß haben.

WIMPEL AUS PAPIER

Bunte Wimpel sind eine schöne Party-Dekoration. Wenn alle Partygäste beim Ausschneiden und Zusammenkleben der Dreiecke mithelfen, ist die Wimpelkette im Handumdrehen fertig und die Party kann beginnen.

Schwierigkeitsgrad

MATERIAL

Weißes Papier
Schere
150 cm Band
Bürolocher (2 Löcher)
Klebstoff oder doppelseitiges Klebeband

1 Vergrößere die gemusterten Dreiecke von Seite 124 mit dem Farbkopierer. Du brauchst 22 Dreiecke für eine Kette von 150 cm Länge mit 11 Wimpeln. Alle Dreiecke sorgfältig ausschneiden.

2 Zwei Dreiecke mit Klebstoff oder doppelseitigem Klebeband zusammenkleben. Die bedruckten Seiten des Papiers zeigen nach außen So bekommst du 11 Dreiecke, die auf der Vorder- und der Rückseite ein Muster haben. Den Klebstoff trocknen lassen.

3 In die Oberkante jedes Dreiecks mit dem Locher zwei Löcher stanzen. Lege dann die Dreiecke in der Reihenfolge, in der du sie aufhängen möchtest, nebeneinander.

4 Binde einen kleinen Knoten in ein Ende des Bandes. Dann werden die Wimpel aufgefädelt. Das Band immer abwechselnd von oben und unten durch die Löcher ziehen, bis alle Wimpel hängen. Danach wieder einen Knoten binden, damit die Wimpel nicht herunterrutschen. Mit Klebepunkten und transparentem Klebeband kannst du die Kette an die Wand hängen.

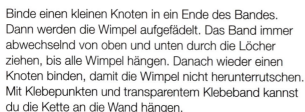

TIPP

Hinten in diesem Buch findest du gemusterte Dreiecke zum Kopieren. Du kannst aber auch Reste von schönem Geschenkpapier verwenden. Benutze eins unserer Dreiecke als Schablone und schneide Dreiecke aus deinem Lieblingspapier. Wenn es dünn ist, klebe es auf festes Papier oder dünne Pappe, damit die Wimpel stabiler werden.

BUTTONS

Dies ist eine Idee für Trendsetter. Du hast die Wahl zwischen 12 Motiven für witzige Anstecker, die du an der Jacke, der Schultasche, dem Schal oder der Mütze tragen kannst. Die lustige Brille oder der verrückte Schnurrbart peppen jedes langweilige Outfit auf!

Schwierigkeitsgrad

MATERIAL

Weißes Papier

Schere

Buttonmaschine für Anstecker mit Abdeckung, Einlage und Rückseite aus Kunststoff mit Nadel

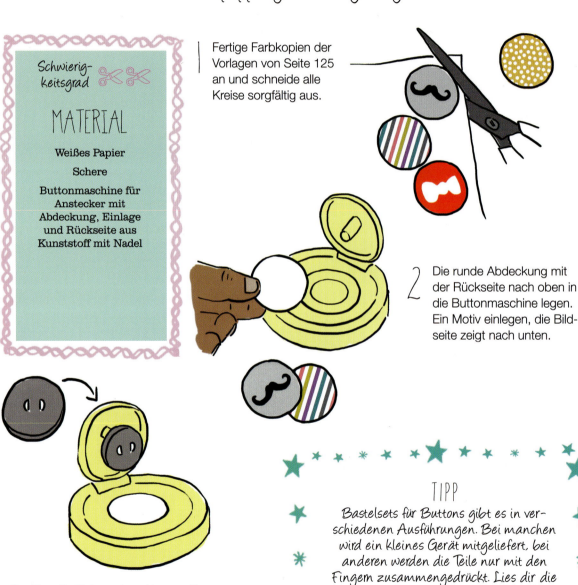

1 Fertige Farbkopien der Vorlagen von Seite 125 an und schneide alle Kreise sorgfältig aus.

2 Die runde Abdeckung mit der Rückseite nach oben in die Buttonmaschine legen. Ein Motiv einlegen, die Bildseite zeigt nach unten.

3 Nun die Einlage darauf legen, die Buttonmaschine schließen und fest zusammendrücken.

TIPP

Bastelsets für Buttons gibt es in verschiedenen Ausführungen. Bei manchen wird ein kleines Gerät mitgeliefert, bei anderen werden die Teile nur mit den Fingern zusammengedrückt. Lies dir die Gebrauchsanweisung genau durch, bevor du anfängst.

4 Die Buttonmaschine öffnen: Jetzt sind die Papierränder um den Rand der Einlage gefaltet. Wenn sie nicht ganz glatt liegen, kannst du sie mit dem Finger umfalten und andrücken. Bereite weitere Buttons auf diese Weise vor.

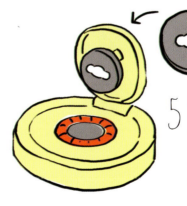

5 Einen vorbereiteten Anstecker in die Buttonmaschine einlegen. Eine Rückseite in die obere Klappe des Geräts einlegen, dann die Buttonmaschine schließen und fest zusammendrücken. Du hörst ein „Klick", wenn die vordere Abdeckung in die Rückseite einrastet. Du kannst die beiden Teile auch mit den Fingern zusammendrücken.

6 Die Abdeckung mit der Nadel fest an den Anstecker drücken und nach rechts drehen, bis sie sicher hält. Die anderen Anstecker werden ebenso fertiggestellt.

PARTYLAUNE

FREUNDSCHAFTSBÄNDCHEN

FreundschaftsArmbänder gibt es schon lange, aber dies sind ganz neue Varianten. Sie sind topp-modische Accessoires, denn beim Flechten werden Messingmuttern, Nieten oder Glitzersteine eingearbeitet. Das Flechten gelingt einfacher, wenn eine Freundin hilft, indem sie das Ende festhält.

Schwierigkeitsgrad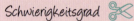

Armband mit Messing-Muttern
MATERIAL

18 Muttern aus Messing
(M4 oder 4 mm)

3 x 50 cm Sticktwist
in Beige

3 x 50 cm Sticktwist
in Pink

3 x 50 cm Sticktwist
in Lindgrün

ARMBAND MIT MESSING-MUTTERN

1 Knote alle Stickgarnfäden am oberen Ende zusammen. Befestige den Knoten mit einer Sicherheitsnadel an einem Kissen. Teile die Fäden in drei Gruppen. In jeder Gruppe sollen alle drei Farben vorhanden sein. Wir nennen die Gruppen A, B und C. Zuerst Gruppe A über Gruppe B in die Mitte legen.

2 Nun Gruppe C über Gruppe A zur Mitte legen. Weiterhin immer abwechselnd die rechte und die linke Gruppe in die Mitte legen, bis der Zopf etwa 10 cm lang ist.

TIPP
Du kannst das Ende des Bandes auch mit einer Sicherheitsnadel an deinem Hosenbein feststecken.

3 Auf jede Fadengruppe 6 Muttern fädeln. Weiter flechten, aber jedes Mal, wenn eine Fadengruppe zur Mitte gelegt wird, eine Mutter nach oben schieben. Fortfahren, bis alle Muttern eingeflochten sind, dann den Zopf nur mit den Fadengruppen beenden. Das Ende verknoten.

ARMBAND MIT GLITZERSTEINEN

Schwierigkeitsgrad

Armband mit Glitzersteinen
MATERIAL

3 x 1 m Sticktwist in Pink
3 x 1 m Sticktwist in Lindgrün
3 x 1 m Sticktwist in Türkis
3 x 1 m Sticktwist in Grau
3 x 1 m Sticktwist in Dunkelrot
3 x 1 m Sticktwist in Beige
3 x 1 m Sticktwist in Korallenrot
30 cm Kette mit Glitzersteinen
Sticknadel und stabiles Garn

1 Alle Fäden zur Hälfte falten und so verknoten, dass eine Schlaufe entsteht. Den Knoten mit einer Sicherheitsnadel an einem Kissen feststecken. Die Fäden in zwei Gruppen teilen. Jede Gruppe muss drei Fäden von jeder Farbe enthalten. Drei Fäden derselben Farbe auf die andere Seite legen. Dann die drei Fäden derselben Farbe von der anderen Seite überkreuzen.

2 Mit jeder Farbe wiederholen. Dabei ergibt sich ein Zackenmuster. Wenn das Armband lang genug ist, um es um dein Handgelenk zu binden, das Ende verknoten und die Fäden abschneiden.

3 Die Kette mit Glitzersteinen auf die Mitte des Geflechts legen und mit dem Garn sorgfältig festnähen.

ARMBAND MIT NIETEN

1 Die Enden aller Fäden zusammenknoten. Den Knoten mit der Sicherheitsnadel an einem Kissen befestigen. Die Fäden so anordnen, dass die korallenroten Fäden ganz außen liegen, dann folgt nach innen je ein Faden in jeder der anderen Farben. Die Reihenfolge ist auf beiden Seiten gleich.

Schwierigkeitsgrad

Armband mit Nieten
MATERIAL

2 x 60 cm Sticktwist in Korallenrot

2 x 60 cm Sticktwist in Türkis

2 x 60 cm Sticktwist in Dunkelrot

2 x 60 cm Sticktwist in Grau

2 x 60 cm Sticktwist in Lindgrün

10 Nieten in flacher Pyramidenform, 5 mm groß

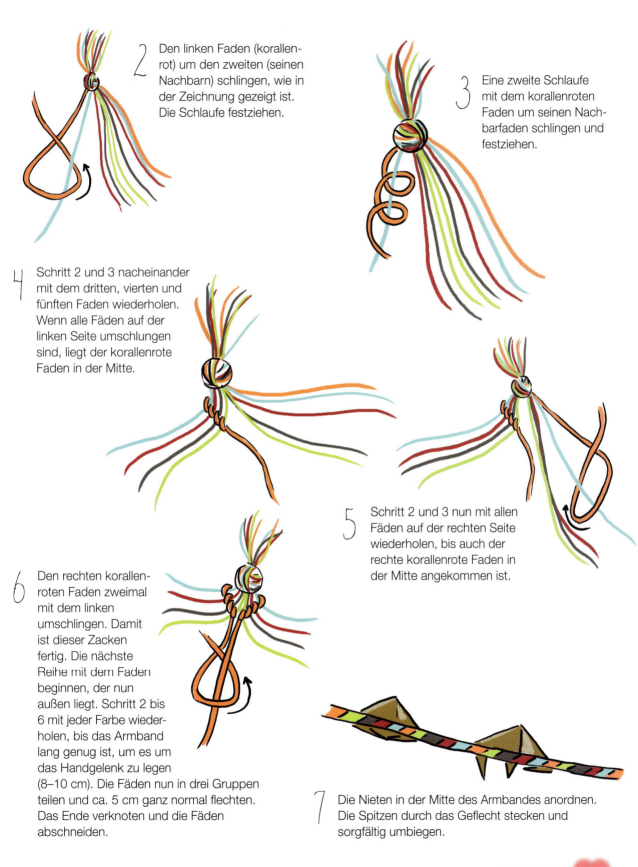

EINLADUNGEN

Planst du eine Party? Dann verschicke doch selbst gemachte Einladungskarten! Das ist gar nicht schwierig, und jeder freut sich riesig, wenn so schöne Post in den Briefkasten flattert.

Schwierigkeitsgrad ✂

MATERIAL

Weißes Papier

Schere

Dünne weiße Pappe

Klebestift

Dünner Filzstift

Verschiedene selbstklebende Glitzersteinchen

Heißklebepistole (wenn du möchtest)

1 Fertige Farbkopien von den Einladungskarten auf Seite 122–123 an. Entscheide selbst, wie viele Karten du brauchst. Schneide für jede eine Vorderseite und eine Rückseite aus.

2 Bestreiche die Pappe dünn mit Klebstoff und klebe die Vorderseite der Einladung darauf. Schneide dann den Rand der Pappe sorgfältig ab.

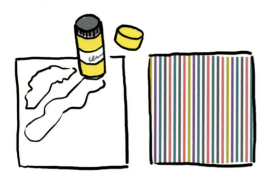

3 Drehe die Einladung um und bestreiche die Rückseite dünn mit Klebstoff. Darauf klebst du die Rückseite der Einladung.

4 Schreibe alle Informationen mit Filzstift auf die Zeilen auf den Vorderseiten deiner Karten. Die Symbole bedeuten, von oben nach unten gelesen: Datum, Anfangszeit, Anschrift (wichtig, wenn du nicht zu Hause feierst!), deine Telefonnummer und deine E-Mail-Adresse (damit die Gäste dich wissen lassen können, ob sie kommen).

Lass dir bei Schritt 5 von einem Erwachsenen helfen.

TIPP
Vielleicht hast du Lust, auch schlichte Umschläge passend zu den Karten zu verzieren?

5 Verziere die Ränder der Karten mit einigen Glitzersteinchen. Wenn du keine selbstklebenden Steine hast, kannst du sie mit kleinen Tupfern aus der Heißklebepistole befestigen. Wenn alles trocken ist, kannst du die Karten verschicken.

PARTYLAUNE

TIPP

Übe das Falten der Kästchen zuerst mit einfachem Papier. Wenn sie dir gut gelingen, kannst du dich an die schönen Origami-Papiere wagen. Achte darauf, dass du genau und sorgfältig faltest und alle Kniffe mit dem Fingernagel nachstreichst. Du kannst auch mit einer Nadel kleine Löcher in die Kästen stechen, die Umrisse von Herzen oder Sternen darauf zeichnen oder auf jedes Kästchen einen Buchstaben deines Namens schreiben.

ORIGAMI-LICHTERKETTE

So eine leuchtende Girlande ist eine tolle Dekoration für deine Party. Du brauchst dafür nur kleine Origami-Figuren zu falten und über die Lämpchen einer Lichterkette zu stülpen.

1. Das Papier mit der farbigen Seite nach oben drehen, längs und quer zur Hälfte falten und wieder öffnen. Die beiden Faltlinien bilden ein Kreuz. Das Papier wenden und über beide Diagonalen falten. Danach breitest du das Papier wieder aus.

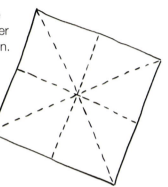

Schwierigkeitsgrad

MATERIAL

20 Bögen Origami-Papier
(15 x 15 cm)

Lichterkette mit 20 Lämpchen
(Batteriebetrieb)

Stecknadel (wenn du möchtest)

2. Das Papier wieder wenden und die Seiten vorsichtig eindrücken. Dabei bewegen sich die schrägen Faltlinien nach oben und die geraden nach unten. So entsteht ein dreidimensionaler Stern.

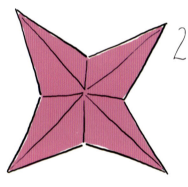

3. Den Stern flachdrücken, bis ein Dreieck entsteht (siehe Abbildung).

4. Die rechte vordere Klappe des Dreiecks zur Mittellinie falten.

5. Mit der vorderen linken Klappe wiederholen, dann das Dreieck wenden und auch die beiden Klappen der anderen Seite zur Mitte falten. So entsteht ein Quadrat, das auf einer Spitze steht.

PARTYLAUNE 105

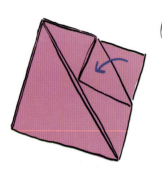

6 Falte die Spitze der rechten vorderen Klappe zur Mittellinie. Mit der linken vorderen Klappe wiederholen. Das Quadrat wenden und wieder rechte und linke Klappe zur Mitte falten.

7 Jetzt hast du oben auf der Form noch vier lose Dreiecksklappen. Falte die obere Spitze der linken vorderen Klappe nach unten. So entsteht ein kleineres Dreieck.

8 Das ganze Dreieck noch einmal umfalten. Nun hast du eine dreieckige Klappe auf dem linken Dreieck, wie in Schritt 6.

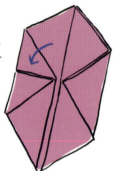

9 Öffne die letzte Falte wieder. Das darunter liegende seitliche Dreieck hat an der Oberkante eine Öffnung. In diese schiebst du die Dreiecksklappe, die in Schritt 8 entstanden ist. Am besten drückst du die Öffnung mit Daumen und Zeigefinger etwas auseinander.

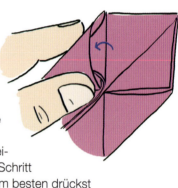

10 Schritt 7–9 mit der rechten vorderen Klappe wiederholen, dann die Form wenden und auf der Rückseite auf beiden Seiten wiederholen. Zieh die Form an ihren vier Kanten etwas auseinander.

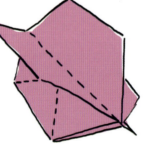

11 Unten hat deine Form ein kleines Loch. Puste hinein, dann füllt sie sich mit Luft und es entsteht ein eckiger Ballon.

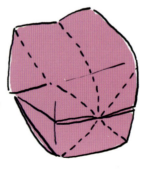

12 Du brauchst insgesamt 20 solcher Ballons. Durch die kleinen Löcher kannst du dann die Lämpchen der Lichterkette in die Ballons schieben.

PARTYLAUNE

GESCHENK-ANHÄNGER

Modelliermasse, die man im Ofen „brennt", ist ein tolles Bastelmaterial. Mit diesen hübschen Anhängern wird auch ein kleines Geschenk zu einer richtigen Kostbarkeit.

1. Schneide für jeden Anhänger ein Stück braune Pappe (8 x 6 cm) und ein Stück Geschenkpapier (7 x 5 cm) zu. Klebe das Geschenkpapier mit Bastelleim auf die Pappe. Schneide dann aus Karopapier zwei Streifen (7 x 1 cm) zu und klebe sie quer auf den Anhänger.

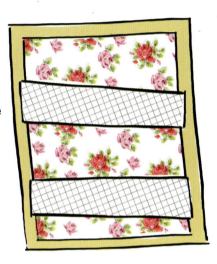

2. Stanze in die Oberkante jedes Anhängers ein Loch. Falte das Band zur Hälfte und schiebe die Schlaufe etwa 2 cm weit durch das Loch. Die Anhänger nun beiseitelegen, bis die modellierten Dekorationen fertig sind.

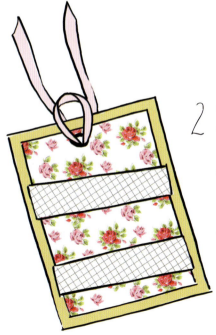

Schwierigkeitsgrad

MATERIAL

Braune Pappe

Geschenkpapier

Lineal

Bleistift

Schere

Bastelleim

Karopapier

Locher

Ca. 25 cm Band pro Anhänger

Fimo® oder lufttrocknende Modelliermasse

Rollholz

Stempel

Ausstechformen für Plätzchen

Messer

Backblech

Backofen (nur für Fimo®)

Farben

Pinsel

PARTYLAUNE 107

3 Rolle die Modelliermasse aus, bis sie etwa 5 mm dick ist. Drücke Stempel hinein, aber lass zwischen den Motiven ein bisschen Platz.

4 Stich nun mit Plätzchenformen die Motive aus und stich in jedes mit einem Bleistift oder einer Stricknadel ein Loch zum Aufhängen. Schneide unsaubere Ränder mit einem Messer glatt, bevor du die Formen auf ein sauberes Backblech legst.

5 Lass die Formen an der Luft trocknen oder brenne sie im Backofen. Schau auf der Verpackung nach, welche Ofentemperatur du einstellen musst. Wenn die Formen hart sind, kannst du sie mit verschiedenen Farben bemalen. Danach trocknen lassen.

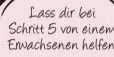

Lass dir bei Schritt 5 von einem Erwachsenen helfen.

6 Fädele die Bandschlaufe eines Papp-Anhängers durch einen ausgestochenen Anhänger. Dann ziehe die losen Bandenden durch die Schlaufe und ziehe sie zu. Auf die Streifen aus Karopapier kannst du den Namen des Empfängers schreiben.

PARTYLAUNE

TÜTEN ZUM VERSCHENKEN

Wenn du deinen Partygästen ein Abschiedsgeschenk mitgeben möchtest, kannst du es in solche schönen Tüten verpacken. Auch für andere Geschenke sind die Tüten bestens geeignet. Keine sieht aus wie die andere.

Schwierigkeitsgrad

MATERIAL

Weißes Papier

Schere

Braune Papiertüten mit Griffen

Bastelleim oder Klebestift

Dünne weiße Pappe

Schere

Locher

Ca. 15 cm schmales Band pro Tüte

Tacker (wenn du möchtest)

Flitter, Pailletten, Stickgarn und Sticknadel (wenn du möchtest)

1. Fertige von den Motiven auf Seite 126–127 Farbkopien an. Eine Kopie genügt für etwa 2–3 Tüten. Schneide alle Motive sorgfältig aus.

2. Lege einige Motive auf eine Seite einer Papiertüte. Schiebe sie herum und probiere verschiedene Anordnungen aus. Wenn du zufrieden bist, klebe die Motive mit Bastelleim oder Klebestift auf die Tüte.

TIPP

Du kannst auch lustige Anstecker basteln (siehe Seite 96) und an den Tüten befestigen.

3. Für den Anhänger klebst du ein Motiv auf weißes Papier. Schneide die Pappe rings um das Motiv sorgfältig aus und stanze ein Loch in die obere Mitte.

4 Fädele ein kurzes Stück Band durch das Loch, lege es um einen Henkel der Tüte und binde eine Schleife oder befestige die Bandenden mit dem Tacker an der Tüte.

5 Nun kannst du die Tüten noch mit Flitter, Pailletten oder Stickerei verzieren. Lass dir etwas einfallen! Dekoriere danach auch die anderen Tüten.

PARTYLAUNE

FOTO-SHOOTING

Zu jeder gelungenen Party gehören lustige Erinnerungsfotos. Mit diesen Requisiten macht das Shooting noch viel mehr Spaß, und die Bilder werden richtig witzig. Wenn du Lust hast, kannst du Sprechblasen mit frechen Sprüchen auf die Fotos malen.

Schwierigkeitsgrad

MATERIAL

Weißes Papier
Weiße Pappe
Bastelleim
Schere
Pailletten in verschiedenen Farben
Filzstifte in verschiedenen Farben
Trinkhalme
Klebeband

1 Fertige von den Vorlagen auf Seite 120 vergrößerte Farbkopien an. Klebe den kopierten Bogen mit Bastelleim auf eine Seite der weißen Pappe.

2 Schneide alle Motive mit einer scharfen Schere sorgfältig aus.

3 Auf die Ränder der Sprechblasen, den Rahmen der rosa Brille und den Knoten der Fliege kannst du nun Pailletten oder Glitzersteine kleben. Beschrifte die Sprechblasen mit schwarzem Filzstift.

4 Nun die Motive umdrehen und auf der linken Seite jeder Form mit einem kurzen Stück Klebestreifen oder einem Tropfen Klebstoff einen Trinkhalm festkleben. Wenn der Klebstoff trocken ist, sind die Requisiten einsatzbereit.

PARTYLAUNE

PAPIER-POMPONS

Schwierigkeitsgrad ✂✂

MATERIAL

Für 5 Pompons

10 Stücke rosa Seidenpapier, je 36 x 50 cm

10 Stücke weißes Seidenpapier, je 33 x 50 cm

10 Stücke violettes Seidenpapier, je 25 x 50 cm

10 Stücke geblümtes Seidenpapier, je 20 x 25 cm

10 Stücke rosa Seidenpapier mit Punkten, je 18 x 50 cm

5 Stücke Floristendraht, je 25 cm lang

Schere

Nylon-Nähgarn

Die hübschen Papier-Pompons sind eine tolle Party-Dekoration, du kannst sie aber auch einfach in deinem Zimmer aufhängen. Entscheide selbst, ob du einen großen Pompon basteln möchtest, oder lieber mehrere in verschiedenen Größen.

1. Lege 10 Bögen Seidenpapier derselben Farbe aufeinander. Falte den ganzen Stapel wie eine Ziehharmonika immer hin und her – als ob es ein Fächer werden soll. Für größere Pompons liegen zwischen den Faltlinien ca. 4 cm, für kleinere etwas weniger. Alle Faltlinien kräftig nachstreichen.

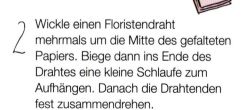

2. Wickle einen Floristendraht mehrmals um die Mitte des gefalteten Papiers. Biege dann ins Ende des Drahtes eine kleine Schlaufe zum Aufhängen. Danach die Drahtenden fest zusammendrehen.

3. Zupfe auf beiden Seiten des Drahtes die Seidenpapier-Lagen vorsichtig auseinander, bis ein fülliger Pompon entsteht. Fädele das transparente Nylongarn durch die Drahtschlaufe und hänge den Pompon auf.

VORLAGEN

Auf den folgenden Seiten findest du alle Vorlagen, die du für die Projekte in diesem Buch brauchst. Lies genau nach, ob die Vorlagen vergrößert werden müssen. Manche Motive sind in Originalgröße abgedruckt, du kannst sie also direkt von der Seite abpausen. Andere sind in halber Originalgröße abgedruckt. Für sie musst du am Fotokopierer die Vergrößerungsstufe 200% einstellen. Die Vorlage für die Eulentasche mussten wir auf ein Viertel verkleinern, damit sie auf die Buchseite passt. Vergrößere sie auf 200%, und vergrößere dann die Kopie noch einmal mit derselben Einstellung, um die richtige Größe zu erhalten.

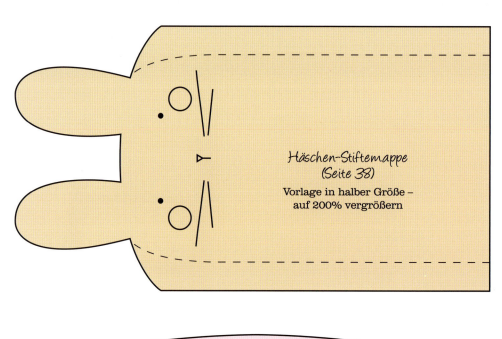

Häschen-Stiftemappe
(Seite 38)
Vorlage in halber Größe –
auf 200% vergrößern

Schlafmaske
(Seite 28)
Vorlage in halber Größe – auf 200% vergrößern

Bleistift-Deko aus Filz
(Seite 47)

Vorlagen in Originalgröße – nur kopieren, nicht vergrößern

Russische Puppe

Eule

Erdbeere

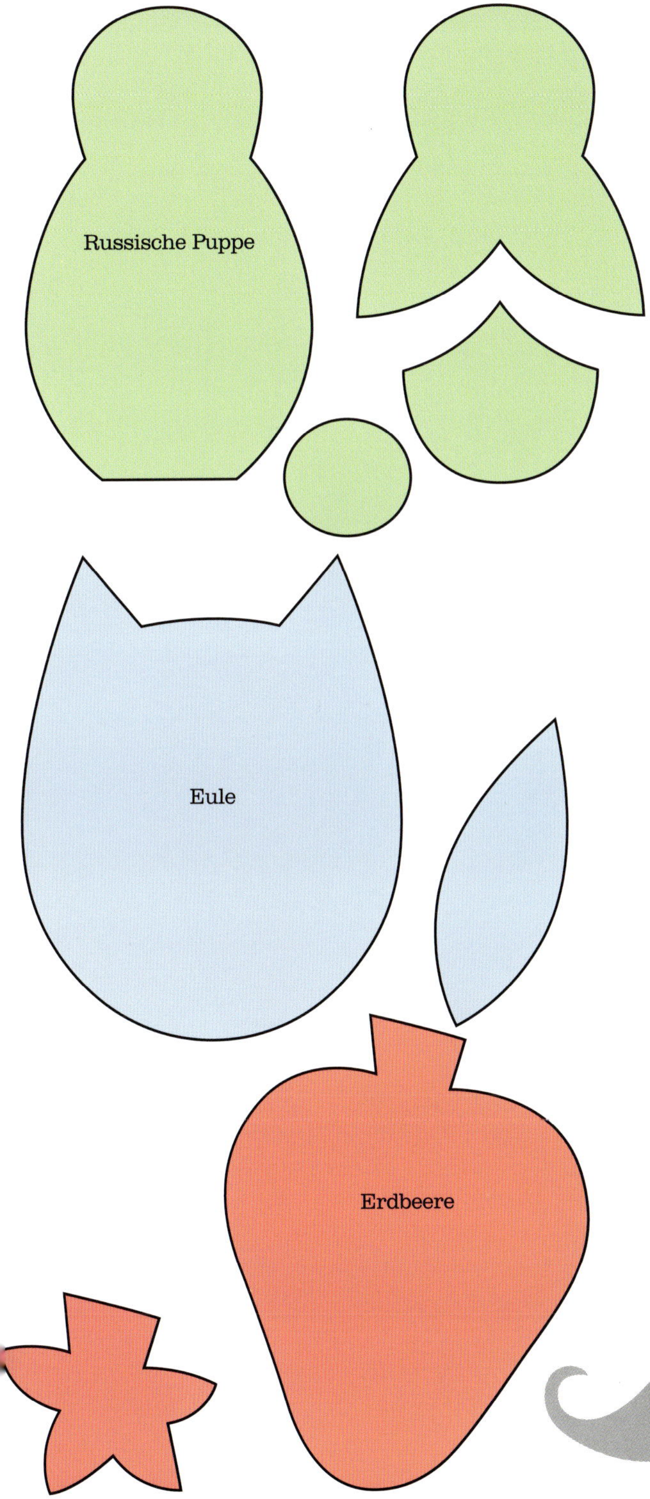

Hausschuhe
(Seite 57)

Vorlagen in Originalgröße – nur kopieren, nicht vergrößern

Inneres Auge

Äußeres Auge

Nase

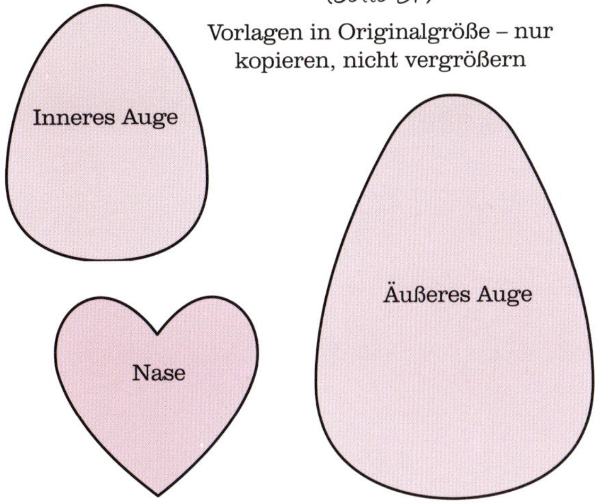

Tasche mit Stempeldruck
(Seite 88)

Vorlagen in Originalgröße – nur kopieren, nicht vergrößern (für das Herzmotiv die Nase von den Hausschuhen verwenden)

VORLAGEN

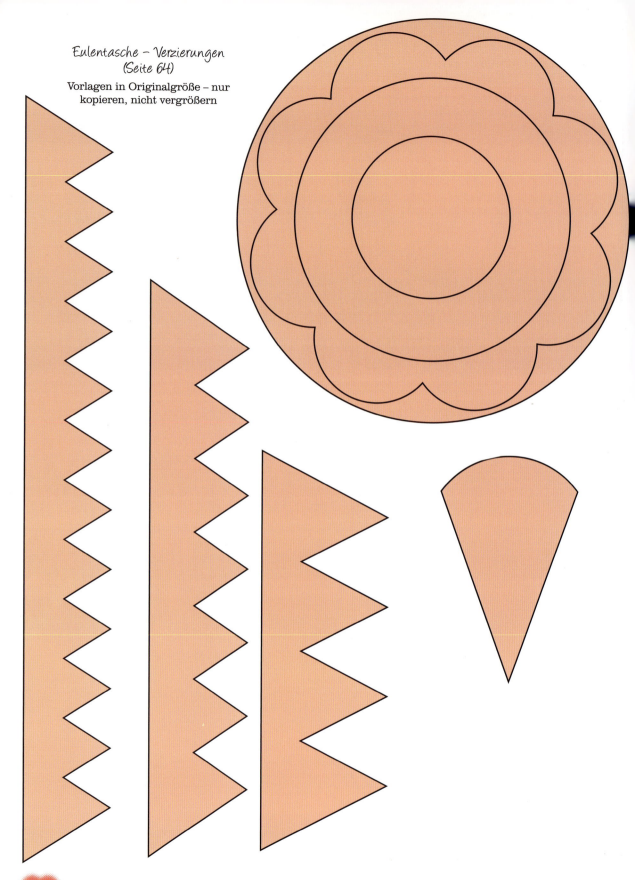

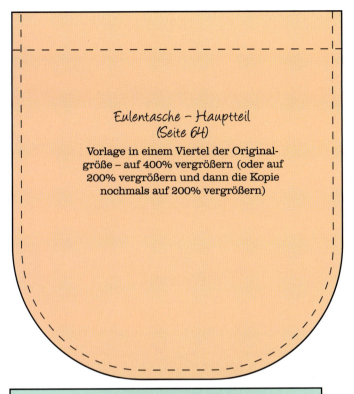

Eulentasche – Hauptteil
(Seite 64)

Vorlage in einem Viertel der Originalgröße – auf 400% vergrößern (oder auf 200% vergrößern und dann die Kopie nochmals auf 200% vergrößern)

Pompon-Blumen
(Seite 44)

Vorlagen in Originalgröße – nur kopieren, nicht vergrößern

Hülle für Handy und iPod
(Seite 70)

Vorlagen in Originalgröße – nur kopieren, nicht vergrößern

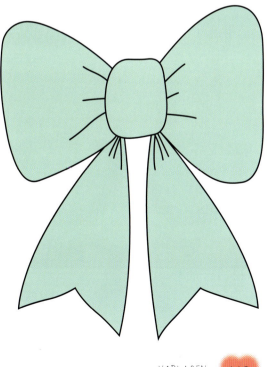

VORLAGEN

FARBIGE VORLAGEN

Von den folgenden Vorlagen kannst du Farbkopien anfertigen. Die Vorlagen für die Anstecker haben Originalgröße und müssen nicht vergrößert werden. Alle anderen sind in halber Originalgröße abgedruckt, für sie musst du die Vergrößerung auf 200% einstellen.

Foto-Shooting (Seite 112)

Vorlage in halber Größe – auf 200% vergrößern

FARBIGE VORLAGEN

Innerer Umschlag

Notizbuch
(Seite 74)
Vorlage in halber Größe – auf 200% vergrößern

Äußerer Umschlag

FARBIGE VORLAGEN 121

Einladungen
(Seite 102)
Vorlagen in Originalgröße

Vorn

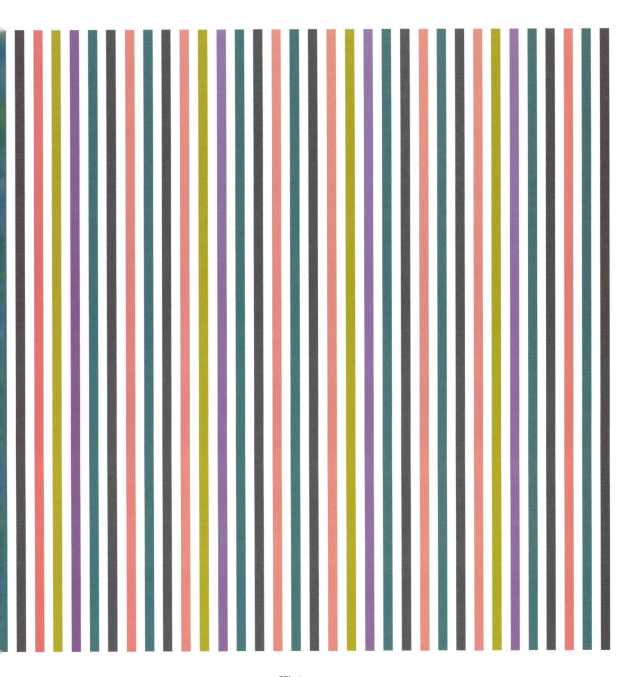

Hinten

FARBIGE VORLAGEN 123

Wimpel aus Papier
(Seite 94)
Vorlage in halber Größe – auf 200% vergrößern

FARBIGE VORLAGEN

Bunte Anstecker
(Seite 96)
Vorlagen in Originalgröße

Tüten zum Verschenken
(Seite 110)
Vorlagen in Originalgröße

HERSTELLER

buttinette Textil-Versandhaus GmbH

Coats GmbH

efco, Hobbygross Erler GmbH

Heindesign

Hemmers Itex GmbH

Heyda, Baier & Schneider GmbH & Co. KG

Prym Consumer GmbH

Rayher Hobby GmbH

Wollfactory, NEXT Systems GmbH

REGISTER

abketten 18
Anfangsschlinge 15
anschlagen 16
Anstecker 96–97, 125
Armbänder
  mit Glitzersteinen 100
  mit Messing-Muttern 98
  mit Nieten 100–101
ausschneiden 10

Batik-Top 86–87
binden, Schleife 14
Bleistift-Deko aus Filz
  47–49, 117
Blumen
  Pompon 44–46
  Schuhe 84–85

Einladungen 102–103,
  122, 123
Eulentasche 64–66,
  118, 119

Fäden vernähen 18
Fadenenden sichern 10
Federtasche, Häschen
  38–41, 116
Fimo®, Geschenk-
  anhänger 107–109
flechten 98–101
Foto-Kissen 24–25
Foto-Requisiten
  112–113, 120
Freundschaftsarmbänder
  98–101

Garn halten beim
  Stricken 15
Geschenkanhänger,
  Fimo® 107–109

Geschenk-Tüten
  110–111, 126–127
glatt rechts stricken 19

Haftvlies 14
Halsschmuck aus Stoff
  82–83
Handschuhe, gestrickte
  54–56
Handy-Hülle 70–72, 119
Hausschuhe 57–59, 117
heften 10

iPod, Hülle 70–72, 119

Kerzen, Tutti Frutti
  32–33
Kissen mit Fotos 24–25
kleben 10
Kleingeld, Portemonnaie
  78–79
Knöpfe annähen 12
Knötchenstich 12
kopieren, Vorlagen 10

Lampenschirm 22–23
Langettenstich 11
Lichterkette, Origami
  104–106
linke Maschen 17

Maschenprobe 18
Modelliermasse,
  Geschenkanhänger
  107–109

nähen und sticken,
  Techniken 10–14
Nähmaschine 13–14
Notizbuch 74–77, 121

Origami-Lichterkette
  104–106

Papiertüten, beklebte
  110–111
Perlen und Pailletten
  festnähen 12
Plattstich 11
Pompon-Blumen 44–46,
  119
Pompons, Papier
  114–115
Portemonnaie 78–79

Radiergummi, Stempel
  schneiden aus 88
rechte Masche 16
Rückstich 11

Schlafmaske 28–31, 116
Schlauchschal,
  gestrickter 60–61
Schleifen binden 14
Schminkutensilien,
  Magnetwand 34–35
Schmuck
  Nagellack 80–81
  Schrumpffolie 67–69
Schuhe
  Blumen-Schuhe 84–85
  Stoffschuhe, verzierte
  62–63
Schwierigkeitsgrade 7
Seifen 42–3
Stempel 88, 117
stempeln 10
Stiche 10–12
Stirnband, gestrickt
  52–53

Stoffschuhe, verzierte
  62–63
stricken 15–19
  Abkürzungen 19
Stricknadeln, Haltung 15

Taschen und Tüten
  Eulentasche 64–66,
  118, 119
  Tasche mit Stempel-
  druck 88–91, 117
  Tüten zum Verschenken
  110–111, 126–127
Techniken 10–19
Traumfänger 26–27
T-Shirt, Batik 86–87
Tutti-Frutti-Kerzen
  32–33

überwendlicher Stich 11
Untersetzer, beklebte
  36–37

vergrößern, Vorlagen 10
Vorlagen 116–127
  farbige 120–127
  kopieren / vergrößern
  10
Vorstich 10

Wimpel, Papier 94–95,
  124

Zickzackstich, Näh-
  maschine 14
zusammenstricken,
  Maschen 18

DANK

Ich danke allen Mitarbeitern des Verlages, die an der Produktion dieses Buches beteiligt waren. Es war wie immer ein Vergnügen, mit euch zu arbeiten. Besonders herzlich danke ich Carmel Edmonds und Marie Clayton, die wieder dafür gesorgt haben, dass alles so glatt lief. Herzlichen Dank an meine Co-Autorinnen Lucy Hopping, Michelle Edwards und Rachel Henderson, die großartige Projekte beigesteuert haben. Es macht viel Spaß, mit talentierten Designerinnen zusammenzuarbeiten, vor allem, wenn sie auch so gute Freundinnen sind. Hoffen wir, dass es noch viele gemeinsame Projekte geben wird.